IMPRESSUM

© Lutz Prauser
Manchmal sind es Mistviecher – warum man Schildkröten einfach lieben muss
1. Auflage 2016
Kleintierverlag Thorsten Geier
Biebertal 2016
ISBN 978-3-944484-14-3

Foto auf der Umschlagseite: Lutz Prauser
Foto auf der Rückseite: Stefanie Prauser

Fotos, wenn nicht anders angegeben: Lutz Prauser

© 2016 Kleintierverlag Thorsten Geier
Fachverlag für naturnahe Tierhaltung
Postfach 11 11
35441 Biebertal
Telefon: +49 (0)6409 6619485
Telefax: +49 (0)6409 6619485
E-Mail: info@kleintierverlag.de
Internet: www.kleintierverlag.de

Umschlag und Buchgestaltung: Riko Wolny, Johanna Scholl
Druck: L&W Druck, Bad Endbach

Lutz Prauser

MANCHMAL SIND ES MISTVIECHER –

warum man Schildkröten einfach lieben muss

THORSTEN GEIER
kleintierverlag.de
Fachverlag für naturnahe Tierhaltung

INHALTSVERZEICHNIS

VORWORT

Die meisten Tierhalter sind Spinner.
Ich darf das sagen. Ich bin selbst einer: Also ein Tierhalter und ein Spinner.
Und ich bin Schildkrötenhalter.
Schildkröten sind ganz besondere Tiere – und ich bin ein ganz besonderer Spinner.
Bisweilen tue ich sehr merkwürdige Dinge, die man nicht verstehen muss, zumindest dann nicht, wenn man selbst keine Schildkröten hält.
Viele Schildkrötenhalter tun das. Manches, was wir für unser Hobby tun, ist in den Augen unserer Mitmenschen einfach nur skurril, wenn nicht gar absurd. Aber wenn wir mal einen Moment die Perspektive wechseln und uns quasi bei unserem sonderbaren Treiben von außen betrachten, dann haben diese Menschen Recht. Schildkrötenhalter sind schon ganz besondere Spinner. Noch einmal, ich nehme mich selbst gar nicht davon aus.
Aber zu unser aller Entschuldigung darf ich sagen: Modellbauer sind auch Spinner; Marathonläufer ebenso – und Briefmarkensammler, Mountainbiker, Weltreisende und Rosenzüchter …
„Erst wenn man es übertreibt, ist es wirklich ein Hobby“, bestätigt mich Freund Alex, als ich ihn zum ersten Mal von dem Projekt dieses Buches erzähle. „Das gilt für jedes Hobby.“ Er kennt sich aus, denn er hat auch eine ganze Menge Hobbies und Leidenschaften. Schildkrötenhaltung gehört mittlerweile nicht mehr dazu, aber davon später.
Jeder Mensch kann sein Hobby voller Hingabe bis hin zum Exzess betreiben. Da sind wir Schildkrötenhalter nicht anders als all die anderen Menschen auch.

Man nimmt zwangsläufig Verhaltensweisen an, die für die Mitmenschen etwas verschroben anmuten. Das hat natürlich zwei Gründe: Zum einen ist es das Schwärmen. Das kennt jeder und das tut jeder. Wann immer sich in Gesellschaft das Gespräch auf ein Thema hinbewegt, das für einen der Beteiligten ein leidenschaftliches Hobby ist, wird der Betreffende nicht nur glitzernde Augen bekommen. Er kommt in Fahrt, nicht selten gerät er regelrecht ins begeisterte Dozieren. Er erzählt und erzählt und erzählt, egal, ob er die anderen zu langweilen beginnt oder nicht.

Aber das ist es nicht allein. Manch ein Orchideenfreund geht kaum einen Meter in freier Natur spazieren, ohne den

Boden nach einer vielleicht seltenen Art abzusuchen. Ein Sammler bestimmter Bücher kann kaum an einem An- und Verkauf oder einem Flohmarktstand vorbei gehen, ohne das Angebot zu überfliegen.So geht es uns Schildkrötenhaltern auch. Wir tun in aller Öffentlichkeit Dinge, die uns in den Augen anderer zum Spinner machen. Davon handelt unter anderem dieses Buch. Seit über zehn Jahren bevölkern diese wunderbaren Tiere unseren Garten. Das ist – verglichen mit anderen Schildkrötenhaltern und vor allem der Lebensdauer dieser Tiere – gar nicht mal so lang. Viele Halter hegen und pflegen Schildkröten seit dreißig oder vierzig Jahren – oder noch länger. Sie haben sie seit ihrer Kindheit. Damals, in den 1960er und vor allem 1970er Jahren, wurden Landschildkröten in großer Zahl aus den Ferien in Italien und später den Urlauben in Jugoslawien über die Alpen mitgebracht. Verkauft wurden viele dieser Tiere in den Urlauberregionen direkt am Straßenrand, nicht selten von Kindern, die die Schildkröten vorher aus ihren angestammten Lebensräumen geholt hatten. Niemand dachte sich etwas dabei.

Andere Tierliebhaber kauften sich für fünf Deutsche Mark die Schildkröten im Zoohandel daheim, der Handel exotischer Tierarten kam so richtig in Schwung.

Auch diese Tiere stammten in aller Regel aus den Mittelmeerländern. Sie wurden dort der Natur entnommen, abgesammelt oder – um es richtig auszudrücken – gefangen und verkauft. Wasserschildkröten, zumeist Rotwangenschmuckschildkröten, wurden zu Tausenden aus den USA nach Europa eingeführt. Auch sie gab es für den gleichen Preis. Die Sehnsucht nach Exotik in den eigenen vier Wänden ließ sich eben nicht mehr mit dem Aquarium und einem Schwarm bunter Zierfische wie Neonsalmlern, Guppys, Panzerwelsen und Skalaren befriedigen.

Ein Teil der Schildkröten hatte Glück und gelangte in die Hände von Eigentümern, die sich bemühten, an Informationen zu kommen, wie man denn diese Tiere am besten hält. Einige dieser Tiere leben heute noch in unseren Gärten. Viele Rotwangenschmuckschildkröten, die dem heimischen Aquarium schnell entwachsen waren, landeten in Seen, Teichen, Brunnen und Gräben – einfach von den Haltern ausgesetzt; nicht selten ganz ohne schlechtes Gewissen, denn sie waren wohl der Meinung, den Tieren ginge es dort ja ganz gut.

So gesehen hatten diese Wasserschildkröten sogar noch Glück. Denn ein Großteil ihrer Artgenossen, wie auch die der Landschildkröten, wurde zum Opfer schlechter Lebensbedingungen und überlebte nicht lange. Das nicht etwa weil es die Besitzer so wollten, sondern weil sie es nicht besser wussten. Und das ist die Kehrseite eines faszinierenden Hobbies. Auch davon ist in diesem Buch immer wieder mal zu lesen.

Seit dieser Zeit hat sich in der Terraristik

viel getan. Das Wissen um die Biologie der Tiere ist enorm gewachsen, auch das Wissen um ihre Bedürfnisse und ihr Leben in ihren angestammten Lebensräumen. Tierärzte können viel mehr über Erkrankungen sagen als vor dreißig Jahren; und sie wissen vor allem viel über die Erkrankungen, die durch falsche Haltungen entstanden sind.

Es gibt umfangreiche Ratgeber- und Fachliteratur – vor allem über Schildkröten, die sicherlich zu den meist gehaltenen Reptilien gehören.

Viele Halter haben angefangen, ihr Wissen anderen Schildkrötenbegeisterten zur Verfügung zu stellen: Es gibt Tagungen, regelmäßige Treffen, Seminare und Workshops – und es gibt das Internet. Unzählige Schildkrötenseiten finden sich dort mittlerweile, mal mit ganz hervorragenden Informationen, mal mit eher dürftigen, hin und wieder auch mit falschen Empfehlungen. Das Netz ist frei, es kann jeder veröffentlichen, was er will.

Zu den Seiten von Schildkrötenhaltern kommen unzählige Diskussionsforen und zum Beispiel Facebookgruppen, in denen Anfänger und erfahrene Halter sich austauschen, Experten bisweilen auch heftig in Streit darüber geraten, welche Art und Weise die vermeintlich einzig Richtige ist, um die Tiere zu pflegen und zu versorgen.

Im Winter 2011 brachte ich die Internetseite www.testudowelt.de ins Netz. Nach fünf Jahren, sozusagen zum Jubiläum dieser Plattform, wurde es für mich Zeit, aus dem digitalen Medium zurückzukehren zu dem analogen: zu dem gedruckten Wort, zum Buch.

Aber ich wollte nicht einen weiteren Ratgeber über Schildkröten und deren Haltung schreiben. Es gibt hervorragende Bücher. Ein weiteres Buch würde nur wiederholen, was andere Autoren anderswo bereits aufgeschrieben haben. Ich wollte ein Buch über Schildkrötenhalter schreiben, also eines über uns Spinner … vielleicht auch eine Art Ratgeber: Für unsere Verwandten und Freunde, für Menschen, die mit uns, den etwas verrückten Schildkrötenhaltern, umgehen müssen, damit sie uns ein wenig besser verstehen.

Was Sie im Folgenden lesen, habe ich selbst alles so erlebt oder es ist mir so zugetragen worden. Hin und wieder habe ich es höchstens ein ganz klein wenig ausgeschmückt. Einige Texte sind bereits auf der Testudowelt-Seite erschienen, wurden aber für dieses Buch noch einmal überarbeitet.

Wenn Sie selbst Schildkröten halten, dann werden Sie sich vielleicht in der einen oder anderen Anekdote wiederfinden und sagen: „Genau wie bei mir …“. Das wäre schön. Dann heiße ich Sie herzlich willkommen im Club.

Viel Spaß beim Lesen.

Ihr Lutz Prauser

1

SIE LIEBEN UNS NICHT

... und das ist ein Problem.

Schildkröten sind Wildtiere, egal, ob wir sie in der freien Natur beobachten können, sie im Zoo sehen oder daheim im Garten in einem Gehege bzw. je nach den Ansprüchen der jeweiligen Arten im Terrarium oder Aquarium halten.

Wildtiere, das ist zumindest meine Meinung, unterscheiden sich in der Haltung von Haustieren grundsätzlich dadurch, dass wir ihnen ihr eigenes „kleines Reich" einrichten und sie dort dann möglichst ungestört leben lassen sollten. Oder anders ausgedrückt: Wildtiere benötigen nur sehr begrenzt einen Bezug zum Halter. Sie sollten weder um Futter betteln (was man auch diesen Tieren angewöhnen kann), noch auf den Halter fixiert sein und mit ihm interagieren.

Für viele Halter ist es nicht ganz leicht, zu akzeptieren, dass die Liebe, die sie den Tieren entgegenbringen, unbeantwortet bleibt. Schildkröten wedeln nicht freudig erregt mit dem Schwanz, springen an den Beinen ihrer Halter nicht hoch und umschmiegen sie nicht – anders als das Hunde oder Katzen tun. Sie brauchen weder Zärtlichkeit noch Zuwendung in Form von Streicheln oder Kuscheln – man muss nicht mal mit ihnen reden.

Tut man es doch, dann reagieren die Tiere nicht so vordergründig emotional, wie man es von diversen Säugetieren kennt und es vielleicht gewohnt ist.

Eine Schildkröte, die sich entspannt am Hals kraulen lässt oder freudig angelaufen kommt, wenn sie ihren Halter wahrnimmt, tut das sicherlich nicht, um sich dessen Gunst zu sichern.

Vielleicht sehen Sie das anders, das ist Ihr gutes Recht. Denn natürlich gibt es unter Schildkrötenhaltern auch immer wieder Berichte von einschlägigen Erfahrungen. Aber in meinen Augen ist die Fixierung auf den Halter meistens eine Fehlprägung im Verhalten der Tiere und hat nichts damit zu tun, dass diese dem Halter gegenüber irgendwelche Emotionen wie Freude, Dankbarkeit oder gar Liebe aufbringen.

Und genau das ist gelegentlich das Dilemma, in dem wir Schildkrötenhalter stecken. Wo sollen wir hin mit all unserer

Begeisterung und unserer Vernarrtheit, wenn wir schon die Tiere nicht mit Schmuserei und Liebkosungen überhäufen können, sie mit Leckerlis nicht verwöhnen dürfen, weil diese in aller Regel für die Schildkröten ungesund sind?
Was können wir ihnen Gutes tun, wenn wir das Bedürfnis haben, ihnen Gutes tun zu wollen?
Wäre es nicht wunderbar, wenn sie uns ein ganz klein wenig ihre Dankbarkeit zeigen würden? Das tun sie aber nicht. Zwar lassen sich Schildkröten konditionieren und reagieren mit Reaktionen auf gewisse Reize. Aber Dankbarkeit gehört mit Sicherheit genauso wenig dazu wie zum Beispiel das Empfinden, einen Fehler gemacht zu haben, wenn man sie „bestraft". Es sind eben keine Rudeltiere, die hierarchische Strukturen kennen und auf das Verhalten der Alphatiere ihnen gegenüber reagieren. Es nützt also nichts, sie zu umschmeicheln, zu locken, sie zu belohnen oder zu bestrafen. Sie empfinden das nicht als solches und ändern ihr Verhalten nicht, um uns zu gefallen, ihre Zuneigung oder Unterordnung zu zeigen.
Ich kenne das Problem der Liebesverweigerung und der fehlenden Interaktion. Damit muss jeder Schildkrötenhalter klar kommen. Aber ihm muss eben auch bewusst sein, dass die Tiere auf ihren Halter nicht angewiesen sind – auf die Versorgung schon, aber nicht auf das Individuum.
Oft kanalisiere ich diese Frustration in „Gehegeoptimierung" und tue so meinen Tieren zumindest indirekt etwas Gutes. Immer entdecke ich etwas, was ich an der Schildkrötenanlage im Garten verändern und damit verbessern könnte. Ich tue das, damit es den Tieren vielleicht noch ein wenig besser gefällt, damit sie sich vielleicht noch etwas wohler in meinem Garten fühlen. Andere machen das auch.

Also gestalte ich und gestalte und gestalte. Ich schleppe Steine und Wurzeln heran. Ich pflanze neu, reiße andere heraus oder beschneide sie, verteile Kies und Erde, errichte Hügel und sperre Blickachsen. Ich schaffe Versteckmöglichkeiten, säe Futterpflanzen, sammle Schnecken und deren Eier ab, verteile Sepiaschulp, Eierschalen und Knochenstückchen im Gehege und bin das ganze Jahr über damit beschäftigt. Die Tiere nehmen es in geradezu stoischer Ruhe hin. Es gibt kein Zeichen der Dankbarkeit, dass ich es ihnen schön gemacht habe. Aber das erwarte ich auch gar nicht.
Oft stehe ich an der Gehegebegrenzung, beobachte die Tiere eine Zeit lang und schon rattert es wieder im Hinterkopf. Was könnte ich anders machen? Was besser?
Von Workshops und Tagungen bringe ich Ideen und Anregungen mit, vieles wird ausprobiert. Nicht alles bewährt sich.
Schildkrötenhaltung besteht meiner Erfahrung nach überwiegend aus Gehegegestaltung, Terrarienbau für tropische Arten und Teich- und Aquarieneinrichtung für Sumpf- und Wasserschildkröten. Das ist natürlich nicht alles. Hinzu kommen

gegebenenfalls Futterbeschaffung und Fütterung, der Gesundheitscheck und vielleicht die Nachzucht.

Nicht zu vergessen: Das Beobachten. Und noch mal das Beobachten. Und noch mal …

Es macht Spaß. Danken tun die Tiere diesen ganzen Aufwand nicht, zumindest nicht wie ein Hund der vor Freude herumtobt, wenn man abends nach Hause kommt und er auf einen gewartet hat.

Das stimmt natürlich nicht so ganz, denn wenn sich die Schildkröten sichtbar wohl fühlen, sich entspannt im Gehege bewegen, gesund sind, sich paaren und Eier legen, dann ist das ihre Art zu sagen: „Passt schon. Es ist schon sehr schön hier."

Aber manchmal meine ich doch, dass die Tiere mir etwas sagen wollen. Höre ich nicht hin und wieder ein leises: „Vielleicht könntest Du das hier doch noch ein wenig optimieren und jenes vielleicht noch ein klein wenig verbessern?"

Und wispert da nicht wer: „Schneid mal das Gestrüpp zurück. Ist schon arg schattig dahinten. Und vermoost ist es auch."

„Die Erde ist viel zu hart – da macht das Graben der Kuhle für die Eier echt keinen Spaß. Das könntest Du ruhig mal auflockern", grummelt es ungeduldig. „Und wo Du schon dabei bist: Ich brauche ein paar richtig gute Versteckplätze. Der Kerl dahinten lässt mir kaum Ruhe."

Meinen Sie auch manchmal solche Stimmen zu hören, wenn Sie vor dem Gehege stehen und es intensiv betrachten?

Ja? Dann bin ich ja beruhigt. Selbst die Gehegepflanzen flüstern mir zu: „Kalk den Boden.". „Räum die Schnecken weg", raunt es aus dem Rosmarin. „Gieß mich gefälligst mal wieder", knurrt der Lavendel und die Segge flötet: „Hier, ich schenke Dir wieder mal ein paar Ableger …"

Und dann geht es wieder los mit den Verbesserungsmaßnahmen am Gehege. Denn sie alle haben Recht: Gehört nicht der Frauenmantel zurückgeschnitten? Und der Fünffingerstrauch an der Wasserstelle ist mittlerweile auch schon wieder ausladend. Und ich wollte doch noch kalken, da hat die Kiefer Recht. Und die Stelle dort hinten, die beim Regen so lange feucht bleibt, müsste ich echt trocken legen. Außerdem wollte ich eine weitere Wasserstelle einbauen. Das Frühbeet müsste ich mal von innen und außen mit Wasser und Wurzelbürste abschrubben. Das ist so dreckig, da kommt ja kaum noch Licht durch den Kunststoffdeckel.
„Und wenn das getan ist, könntest Du mal wieder dieses leckere Zeugs da pflücken gehen, Du weißt schon … und ein paar Hibiskusblüten wären fein. Der Strauch ist voll davon, aber im Gehege landen immer nur Teile. Wo ist der Rest?“
Es gibt immer was zu tun. Bei Ihnen nicht?

Na also. Warum sitzen Sie dann noch herum und schmökern?
Das können Sie heute Abend, wenn es dunkel ist, immer noch tun …

2

WIE ALLES BEGANN

Schuld sind immer die anderen – Sie kennen das.

Dass bei uns Schildkröten eingezogen sind, liegt an meiner jüngeren Tochter. Also ist sie Schuld. Und mein guter Freund Alex. Aber der Reihe nach.

Als meine beiden Mädchen noch Grundschülerinnen waren, konnten sie sich zu ihren Geburtstagen ein Haustier wünschen. Voraussetzung war natürlich, sich weitgehend selbst (unter Anleitung und Aufsicht) um ihre Tiere zu kümmern. Es endete wie überall: Letztlich waren wir Eltern es, die sich zu großen Teilen der Tierpflege annahmen. Auch das kennen Sie möglicherweise aus eigener Erfahrung. Und das ist auch nicht weiter tragisch. Im Gegenteil.

Unsere ältere Tochter wählte Kaninchen, die andere entschied sich zwei Jahre später für Schildkröten. Mir war das sehr recht, ich hatte immer schon ein Faible für Reptilien und ich gebe zu, dass ich sie bei ihrer Auswahl auch ein klein wenig beeinflusst habe.

Die Gelegenheit bot sich, als wir bei meinem guten Freund Alex, von dem ich wusste, dass er ein frisch gebackener Schildkrötenhalter war, zu Besuch eingeladen waren. Dort wollten wir uns einfach mal „unverbindlich“ die Tiere anschauen. Und schon war die Entscheidung gefallen. Meine Tochter hatte sich in die winzigen Panzerträger bei Alex regelrecht verliebt – und ich auch.

Ein Woche später fuhren wir ins nächstgelegene Gartencenter, das auch über eine große Zooabteilung verfügt. Völlig ohne Kenntnis der Bedürfnisse von Griechischen Landschildkröten, aber mit einiger Erfahrung in der Terraristik, fragten wir den Verkäufer aus. Ich erinnerte mich an meine eigene Erfahrung als Schüler: Damals stand in meinem Zimmer ein Terrarium, das mit unterschiedlichsten Echsen besetzt war. Jetzt kündigte sich der Wiedereinstieg in das Hobby ein.

Ein Terrarium, ein kleiner Ratgeber und zahlreiches Zubehör waren schnell gekauft. Der Verkäufer erwähnte zwar, dass man Landschildkröten draußen halten solle, aber aus dem Wort sollen hörte

ich das Wort können heraus und machte mit einem Großeinkauf so ziemlich alles falsch, was man als Einsteiger falsch machen kann.
Das Becken war eine Fehlinvestition, wie sich sehr schnell herausstellte. Denn Griechische Landschildkröten sind natürlich am besten im Garten aufgehoben. Davon ließ ich mich sehr schnell überzeugen. Im besagten Terrarium waren sie nur wenige Tage, bis das Gartengehege umgebaut war. Denn ursprünglich sollten die Tiere nur bei gutem Wetter draußen sein. Bei schlechtem und kaltem Wetter wollten wir sie im Haus haben – was natürlich auch völlig falsch ist.
Dass der erste Ratgeber sein Geld nicht wert war, fand ich schnell heraus. Mittlerweile stapeln sich Fachbücher und Ratgeber zur Schildkrötenhaltung in unserem Bücherregal – es werden ständig mehr. Fast schon unnötig zu erwähnen, dass das auch so eine Marotte von mir ist: Jedes nur erdenkliche und halbwegs sinnvolle Buch über Schildkrötenhaltung tatsächlich auch zu kaufen – und dass, wo in zahlreichen Büchern doch das Gleiche steht. Zumindest auf das eine oder andere Buch könnte ich also getrost verzichten. Tu ich aber nicht. Warum auch? Ob man nun drei, vier oder fünf Bücher über Futterpflanzen und Schildkröteernährung daheim hat, das ist dann auch egal. Oder eben auch nicht, denn ich muss natürlich alle haben. Insbesondere diejenigen, von denen ich die Autoren persönlich kenne und schätze.
Zurück zum Anfang: Nun war ich der

Meinung, wir sollten die Tiere bei einem Züchter erwerben und nicht in einem Zoogeschäft oder Gartencenter.

Bei Alex erkundigte ich mich also nach dem Namen des Züchters, von dem seine damalige Freundin und er seine Tiere erworben hatten. Zu ihm wollten wir auch fahren. Zwar hatte ich mittlerweile im Internet eine Liste von Züchtern der Region gefunden, aber ich fand es ganz gut, mich auf Alex' Urteil zu verlassen, denn der hatte erzählt, der Züchter habe ihn regelrecht begeistert. Er sei so nett gewesen, habe sie so gut beraten, viele Tipps gegeben und am Ende bei der Abnahme von vier Tieren sogar einen guten Rabatt gewährt.

Alex nannte mir den Namen des Mannes und meinte, er sei damals etwa eine Dreiviertelstunde unterwegs gewesen, also ganz in der Nähe. Ok.

Ich suchte, fand ihn in der Züchterliste und rief ihn an. Am Telefon erzählte ich ihm, er sei mir von einem guten Freund empfohlen worden, der gerade erst vier Schildkröten gekauft hatte, nannte Alex Namen – sozusagen als Door Opener, wie man das heute nennt – und vereinbarte einen Termin.

Am darauffolgenden Samstag fuhren meine Tochter und ich also los. Den Weg hatte ich mir vom Navigationssystem anzeigen lassen. Das aber meldete eine Fahrzeit von eineinhalb Stunden pro Strecke. Es ging in die Gegend von Kehlheim. Von wegen eine Dreiviertelstunde.

Nun behaupten Münchner ja gern, sie seien in zwei Stunden am Gardasee und in dreieinhalb Stunden an der Adria. Abgesehen davon, dass man das nicht mal unter Missachtung jeglicher Geschwindigkeitsbegrenzungen erreichen könnte, habe ich beides ausprobiert und veranschlage daher die doppelte Fahrzeit. Münchner schwadronieren halt leidenschaftlich, wie nah sie an Italien sind, um ihrer Stadt noch einen weiteren Pluspunkt hinzuzufügen. Nirgendwo in Deutschland, so erzählen sie wortreich und prahlerisch, lebt es sich so schön wie an der Isar. Die Nähe zu Italien mache es möglich. So in etwa denkt der Münchner und verkürzt die Anfahrtszeit über die Alpen gern auf die Hälfte … und glaubt das selbst auch noch – zumindest, bis er hinter Innsbruck in der Radarfalle der österreichischen Polizei gelandet ist. Aber das ist eine andere Geschichte …

Warum also soll man nicht auch in einer „Dreiviertelstunde" aus dem Umland Münchens nach Kehlheim gelangen?

Als wir nach den prognostizierten eineinhalb Stunden dort ankamen, zeigte uns der Züchter die Tiere, die er im Angebot hatte. Ich ließ meine Tochter in aller Ruhe entscheiden, denn es sollten ja ihre Tiere werden, und hörte mir die vielen guten Empfehlungen des Mannes an. Ich nahm mir vor, das Meiste davon sofort umzusetzen: Als Erstes das Außengehege so umzubauen, dass wir es dauerhaft nutzen konnten.

Oft erwähnte ich in dem Gespräch meinen Freund Alex; nicht zuletzt, weil dieser, als er mit seiner damaligen Freundin drei

Tiere gekauft hatte, auf das vierte einen saftigen Rabatt erhalten hatte. Merkwürdig, der Züchter sprang gar nicht auf den Namen an. Sollte er so vergesslich sein?
„Alex! Hallo. Ich spreche von Alex! Der, der seine Tiere auch bei Ihnen gekauft hat. Ist doch noch gar nicht so lange her. Und der Sie empfohlen hat … Den müssen Sie doch kennen.", dachte ich.
Tat er aber nicht.
Wir bezahlten die beiden Schildkröten, die meine Tochter ausgesucht hatte, erhielten die notwendigen Papiere, dazu einen sehr guten Merkzettel, was man als frischgebackener Halter alles beachten sollte, und das Versprechen, wir könnten ihn immer wieder anrufen, wenn wir was wissen wollten.
Bestens ausgestattet mit vielen neuen Informationen und zwei wunderschönen einjährigen Schildkröten machten wir uns auf den Heimweg. Wieder eineinhalb Stunden.

Die Kinder waren vollends begeistert. Zu Hause feierten wir die Ankunft der Schildkröten. Und als alle Nachbarn das erste Mal staunend am Zaun gestanden hatten, setzte ich mich ans Telefon.
„Eine Dreiviertelstunde …", hielt ich Alex schmunzelnd vor. „Das kannst du ja Deiner Oma erzählen."
„Ehrlich", versicherte er und ich erwiderte, in einer Dreiviertelstunde schaffe man gerade die Hälfte bis nach Kehlheim.
„Kehlheim? Wieso Kehlheim?", fragte er irritiert. „Na weil der Züchter, den du mir empfohlen hast, da wohnt."
Alex lachte. „Unsinn. Der wohnt in einem Dorf bei Pfaffenhofen. Das ist doch ganz woanders."
Noch einmal ließ ich mir den Namen nennen. Der Namen stimmte. Aber ich ahnte langsam, was passiert war: Ein Blick auf die Züchterliste machte deutlich, was schief gelaufen war. Es gab zwei Züchter gleichen Nachnamens, mit minimaler Abweichung in der Schreibweise des Nachnamens. Einer nördlich von München in Pfaffenhofen, einer in Kehlheim an der Donau. Und den aus Kehlheim hatte ich kontaktiert – das war ja klar. Als Zugezogener kennt man sich halt nicht so aus in der Region. Da fährt man halt gern mal ein gutes Stück weiter. Das erklärte auch, warum der gute Mann auf mein penetrantes Namedropping nicht ansprang, mich vielleicht sogar für einen Spinner hielt. Aber hätte er nicht auch mal was sagen können: „Entschuldigung. Kann es sein, dass sie mich verwechseln?"
Hat er aber nicht.
Die beiden Tiere meiner Tochter, zwei wunderbare, temperamentvolle und sehr agile Männchen, zu denen sich bald mehrere Weibchen gesellen sollten, haben wir heute noch. Und Schildkröte Sisi, die eigentlich Alex gehört, befindet sich mittlerweile auch in unserem Gehege.
Also: Alles gut. Und so muss es sein.

Seitdem sind viele Jahre vergangen und seitdem hat sich die Zahl der Schildkrötenbücher in unserem Haushalt auf eine beachtliche Zahl gesteigert. Unsere Schildkrötenliteratur füllt mittlerweile ein

eigenes Bücherregal. Berge von terraristischen Fachzeitschriften, sowie zahlreiche allgemeine Bücher über Reptilien und Amphibien, stapeln sich ringsum.
Übrigens leben und vermehren sich heute in unserem Terrarium Pfeilgiftfrösche – so gesehen war es doch kein rausgeworfenes Geld.
Und damit willkommen zurück in der Terraristik!
Irgendwie war ja klar, dass es nicht bei der einen Tierart bleiben wird.

3

HERTA, BERTA UND DIE ANDEREN

Kinder müssen Namen haben. Der Gesetzgeber hat das so geregelt und die Ordnungsbehörden setzen es um: Ein neugeborenes Kind muss innerhalb eines Tages angemeldet werden und dazu braucht es einen Namen. Bekannte von uns haben es vor einigen Jahren hautnah erlebt, was es bedeutet, wenn man sich dieser Pflicht verweigert. Weil sie sich partout nicht auf den Namen ihres Zweitgeborenen einigen konnten, bekam das Baby erst mal gar keinen Namen. Dafür erhielten die Eltern von offizieller Seite sehr schnell die Androhung eines Bußgeldes, wenn sie nicht endlich das Kind mit einem anständigen Namen versehen und anmelden.

Für Schildkröten gilt das nicht. Zwar muss man die allermeisten Arten anmelden, aber man muss ihnen nicht zwingend einen Namen verpassen. Denn im Amtsdeutsch heißen sie ohnehin nur „Tier mit der EU-Bescheinigung DE … xxx; oder noch kürzer: Tier: DE … xxx“. Wer in den Naturschutzbehörden im Landratsamt, Regierungspräsidium oder bei der Kommune braucht schon richtige Namen für die Tiere?

Das hindert uns Halter natürlich nicht daran, unseren Tieren trotzdem Namen zu geben, wenn wir es denn wollen. Und in den allermeisten Fällen wollen wir. Ich kenne wenig Tierhalter, die darauf verzichten – und wenn, dann geht es meistens um Schwarmfische im Aquarium oder um Nachzuchten von Tieren, die ohnehin zur Weitergabe bestimmt sind.

Auch unser Tierarzt trägt der Namensgebung Rechnung, indem er seine Patientenkartei nach Halter und dann nach den individuellen Tiernamen ordnet.

Als das erste Schildkrötenpaar bei uns einzog, die bereits erwähnten Tiere meiner Tochter, oblag es auch ihr, den beiden Panzerträgern ihre Namen zu geben. Die waren schnell ausgesucht: Lilly und Kassiopeia. Das Geschlecht der Tiere war aufgrund ihres Alters noch unbekannt, also erhielten sie erst mal Mädchennamen.

Kassiopeia gehört dabei ohnehin neben Morla, der Schildkröte aus Michael Endes

Roman „Die Unendliche Geschichte", zu den am weitesten verbreiteten Schildkrötennamen. Es wäre mal spannend, welche Namen bei Schildkröten oft ausgewählt werden und warum das geschieht: Werden zum Beispiel Griechische Landschildkröten oft mit Namen aus griechischer Mythologie und Heldensagen beglückt? Der Verdacht liegt nahe.

Zwei Jahre später erwarben wir zwei weitere Schildkröten von einer Züchterin und guten Freundin. Auch diese Tiere benötigten Namen. Wir mögen es, wenn unsere Haustiere Eigennamen haben, was allerdings weder auf die Aquarienfische, noch auf die Pfeilgiftfrösche im Terrarium zutrifft. Aber alle anderen Tiere tragen (oder trugen) Vornamen. Sie sind und bleiben zwar Wildtiere und keine Familienmitglieder, trotzdem baut man mit der Namensgebung ja eine ganz andere emotionale Beziehung zu seinen Viechern auf. Diese beiden neuen Schildkröten wurden uns als Weibchen verkauft. Fotos waren vorher in einem Schildkrötenforum zur Begutachtung und zur Bestimmung des Geschlechtes eingestellt worden. Die dortigen Experten sollten zumindest eine Tendenz abgeben. Sie alle sagten einvernehmlich, dass es eindeutig Weibchen seien. Na bitte. Da konnte ja Nichts schiefgehen.

Mit der Geschlechtsbestimmung irrten sich die befragten Experten ebenso wie die, die sich dafür hielten, allerdings gewaltig. Das tat der Freundschaft zu der Verkäuferin keinen Abbruch. Noch Jahre später wärmen wir die alte Geschichte gern wieder auf und lachen beide herzlich darüber.

Neben dem Lerneffekt, dass man eben doch nicht alles glauben soll, was einem so in Foren (Facebookgruppen gab es damals noch nicht) gesagt wird, mussten wir uns zwei Männernamen ausdenken.

Die waren schnell gefunden: Rocky und Rambo. Wie sehr der alte Spruch „nomen est omen“ gilt, sollte sich alsbald erweisen, denn auch Lilly und Kassiopeia waren Männchen. Sie heißen seitdem Dr. Jekyll und Mr. Hyde, und ich hatte plötzlich daheim genau das, was ich nie wollte: eine Schildkröten-Männer-WG. Aber ich musste mich erneut auf die Suche nach weiblichen Tieren (diesmal echte Weibchen) machen und auch Abnehmer für mindestens zwei Männchen finden.
Beides gelang mir. Zwei wunderschöne Weibchen konnte ich mir aus dem oberbayerischen Peiting holen. Rocky, der sich wirklich wie so ein kleiner Boxer aufführte, wanderte ein Dorf weiter. Rambo übersiedelte ins Hessische und lebt nun dort sein ungestümes Temperament aus.
In der Zwischenzeit bot Alex mir an, seine Sisi, der er den Namen zu Ehren von Elisabeth Amalie Eugenie, Herzogin in Bayern, Königin von Österreich-Ungarn gegeben hatte, und penibel auf die korrekte Schreibweise Sisi achtete, zu uns zu geben. Damit änderte sich das Gruppenverhältnis unserer Schildkröten endlich: zwei Männchen, drei Weibchen. Weitere Weibchen sollten folgen, das war der Plan.

Die Neuzugänge taufte ich auf die Namen Herta und Berta – weil es sich so schön reimt und weil ich jedes Mal überlegen muss, welchen der beiden Namen man mit th schreibt und welchen nicht. Dabei solle doch klar sein, dass Herta mit th nur den Berliner Fußballverein meinen kann, keinesfalls aber eine Schildkröte. Berta wurde zugleich zur Eselsbrücke, den Tieren die richtigen Namen zuzuordnen, denn Bertas Panzer hat eine eigentümliche Zeichnung, ein fast querverlaufenes Band. B wie Band – B wie Berta. Kann man sich merken. Finden Sie nicht?
Ein paar Jahre später kam noch eine

Luise hinzu, die ich im bereits ausgewachsenen Zustand mitsamt diesem Namen übernehmen konnte. Die Eigentümerin wollte ihren Bestand verkleinern. Für mich bot sich eine wunderbare Gelegenheit, ein weiteres Weibchen zu bekommen.
Zwei Kerle, vier Mädels, das ist zumindest im Moment eine ganz gute Mischung. Dass die Mädels aber allesamt so heißen, als bewohnten sie den Stall einer oberbayerischen Michviehwirtschaft, ist reiner Zufall. Ehrlich!

Ob Berta, Herta, Luise und Sisi nun Schildkröten sind, oder oberbayerisches Braunvieh – beides ist sehr gut vorstellbar. Zumindest drei der vier Tiere sind schließlich auch echte „boarische Dirndl". Nur Luise, die den Namen der äußerst populären Preußenkönigin, wie auch meiner Münchner Großmutter Liesl, trägt, stammt aus dem Baden-Württembergischen. Aber wie gesagt: Sie hieß ja schon so, bevor sie zu uns kam.

Sollten weitere Tiere hinzukommen, was man ja nie ausschließen kann, dann müssen sie natürlich nicht nur nach Art und Geschlecht passen: Auch die Namen müssen mit den bereits vorhandenen harmonieren. Sonst muss ich die Tiere leider umtaufen: Zenzi, Resi, Nannerl, Vroni, Fanny, Hanni, Wally, Leni … es gibt so viele geeignete Namen – ich muss nur die Grabsteine auf dem Friedhof unseres kleinen Dorfes durchschauen.
Sollte uns jemals wieder ein Männchen untergeschoben werden, bekommt es geradezu programmatisch den Namen Kobinian – als Reminiszenz an meine Kinderzeit und an Otfried Preußlers Kinderbuch „Die kleine Hexe" mit dem dort beschriebenen Ochsen Korbinian.

Hauptsache, es sind milchviehtaugliche Namen: Denn zumindest in den kleinen bäuerlichen Betrieben tragen Kühe oft noch traditionelle Eigennamen, nicht selten sind es welche sehr regionaler Ausprägung.
Eine Kuh namens Kassiopeia wäre ja auch irgendwie absurd. Finden Sie nicht?

4

SCHWARZES GOLD

Das Frühjahr kommt, die Sonne scheint, die Menschen drängt es aus ihren Häusern hinaus ins Grüne, so auch uns.

Nicht, dass es nicht im Garten genug zu tun gäbe, aber so ein Sonntagsspaziergang ist doch auch etwas Feines. Ruhig fließt die Sempt, ein kleiner, unbedeutender Fluss im Erdinger Land, zwischen den Feldern und Naturschutzgebieten dahin. Auf dem Weg parallel zum Fluss versammeln sich Spaziergänger, Familien mit Kinderwagen, Radfahrer, Hundeführer, ein paar Mutige mit Trekkinggarderobe und Nordic Walking Stöcken.

Und ein Spinner mit Gartenhandschuhen, Eimer und Schaufeln: ich.

Auf einer der Wiesen habe ich am Vortag bei besagtem Spaziergang Maulwurfshügel entdeckt. Hunderte. Was sag ich: tausende, aber das ist schamlos übertrieben. Es ist die perfekte Gelegenheit, sich einige Eimer Maulwurfserde zu holen, also die Erde, die die kleinen schwarzen Blindgänger bei ihren Grabearbeiten nach oben befördern.

Überall findet man diese Hügel im Frühjahr. Kaum, dass die ersten Sonnenstrahlen die Äcker und Wiesen erwärmen, scheinen sie wie Pilze aus dem Boden zu schießen: Maulwurfshügel, zumeist tief dunkel, bis zu 30 cm hoch und einer neben dem anderen. Was dem Gartenbesitzer und Landwirt fast immer ein Ärgernis ist, ist Schildkrötenhaltern und Hobbygärtnern eine Freude.

Bewaffnet also mit Eimer und kleiner Handschaufel ziehe ich los. Schließlich wird überall im Internet in den großen Schildkrötenforen empfohlen, sich mit dieser Erde einzudecken: Z. B. für die Frühbeete, als Pflanzerde, als Erde für die Überwinterung. Es gibt nichts Besseres.

Andere Halter, so lese ich immer wieder, kaufen mittlerweile nur die kostbare und kostspielige Spezial-Schildkrötenerde, die in Säcken angeboten wird. Für ihre Tiere soll es eben nur das Beste sein.

Ich bin da eher kritisch eingestellt. Das Substrat ist auch nichts anderes als düngefreie Erde oder Torf, angereichert mit Kalk und Sand. Das kann ich billiger haben, wenn ich Erde, Sand und Kalk im Gartencenter kaufe, im Eimer mische und im Gehege verteile. Noch günstiger wird es natürlich, wenn ich statt gekaufter Erde die berühmte, fast schon sagenumwobene Maulwurfserde nehme. Das ist ja die Krönung dessen, was man bekommen kann – und kostenlos noch dazu. Und Torf möchte ich grundsätzlich nicht im Garten verwenden, aber das nur am Rande.

Schnell füllen sich die Eimer. Ich schleppe einen nach dem anderen zum Auto zurück. Die Rückbank dort ist umgeklappt, so finden noch viele weitere Eimer Platz. Ich habe wirklich jeden dabei, den ich auftreiben konnte. Und wenn ich mich beeile, dann schaffe ich es sogar, daheim die Eimer zunächst alle auf einen Haufen zu entleeren und gleich darauf noch einmal loszufahren, bevor es kühl und dunkel wird.

Nicht mal ein Bruchteil der Maulwurfshügel ist verschwunden, man sieht eigentlich gar nicht, dass ich überhaupt dort war. Nur meine Arme werden lang und länger. Vermutlich werde ich morgen einen tierischen Muskelkater haben. Aber das ist es wert.

Bei meiner zweiten Tour parke ich ein Stückchen weiter. Und los geht's. Ein älteres Ehepaar beobachtet mich. Dann kommt es näher.

„Ah …", nickt der Mann anerkennend, „Die gute Erde von den Maulwürfen."

„Ja genau", antworte ich aus der gebückten Haltung heraus und unterbreche einen Moment meine Schaufelei. Die kleine Pause ist angenehm und ich bin beruhigt, als ich feststelle, dass der Mann nur ein Spaziergänger ist. Es ist nicht der Besitzer der Wiese, der mich vielleicht fragen könnte, wie ich dazu komme, ihm einfach die Erde von seinem Grundstück davonzuschleppen. Denn natürlich habe ich niemanden gefragt, ob ich das, was ich hier tue, überhaupt darf. Und das gehört sich nicht. Wenn das jeder machen würde, wie sähe am Ende dann seine schöne Wiese aus.

Da hätte er sogar Recht. Also machen Sie, liebe Leserinnen und Leser, das auf keinen Fall nach und plündern ungefragt fremde Wiesen, indem Sie Maulwurfshügel abtragen.

Daheim werde ich in den kommenden Tagen die Erde mit Sand und Kalk mischen und dann im Schildkrötengehege verwenden. Gedanklich reibe ich mir schon mal die Hände, wie viel Geld ich heute schon wieder gespart habe, indem ich mich selbst um meinen Krempel kümmere, statt mir einfach beim Versandhandel Schildkrötenerde säckeweise zu bestellen und liefern zu lassen.

„*Das schwarze Gold*", meint der Mann und schaut zu mir herab. Dazu legt er die Miene eines Wissenden auf und nickt anerkennend. Die Bezeichnung „*schwarzes Gold*" finde ich nun etwas übertrieben. Ich kannte sie bisher nur in Verbindung mit Erdöl und natürlich der Kohle, die meine Heimat, das Ruhrgebiet, jahrzehntelang geprägt hat. Dazu passt es vielleicht doch etwas besser als zu Maulwurfserde. Trotzdem nehme ich mir vor,

„schwarzes Gold“ als Überschrift für einen Beitrag des Online-Magazins *Testudowelt* zu verwenden.

„Da werden sich die Geranien aber freuen“, sagt seine Frau. „Und ihre Frau sicher auch. Sie sind ja so fleißig …“

Die Beiden wünschen mir noch einen schönen Sonntag und lassen mich weiterschaufeln.

„Geranien … Was denkt der Mann von mir?“, geht es mir durch den Kopf. „Glaubt der etwa, dass wir Geranien in Blumenkästen am Balkongeländer oder den Fenstern wachsen lassen? Sehe ich etwa so aus?“

So abwegig ist das allerdings nicht. Viele Häuser ziert üppiger Geranienbewuchs – vor allem in den herausgeputzten, oberbayerischen Fremdenverkehrsregionen. Aber erstens wohnen wir dort nicht und zweitens würden wir – selbst wenn es so wäre – keine Blumenkästen mehr am Haus haben. Meine Frau hat das rigoros abgeschafft – zu Recht.

Ich lache in mich hinein. Die Vorstellung, mit einem Dutzend Eimer Maulwurfserde nach Hause zu fahren, sie meiner Frau hinzustellen und zu sagen: „Schau mal Schatz, was ich Dir Schönes mitgebracht habe – für die Geranien und Deine Blumenkästen“, hat etwas Erheiterndes. Das Gesicht möchte ich gern sehen. „Das pure, schwarze Gold …“ Meine Frau würde mir was husten.

Aber die Schildkröten, für die das *„schwarze Gold“* bestimmt ist, die werden sich freuen. Ganz sicher.

Übrigens: Maulwurfserde galt in früheren Zeiten im Volksglauben als probates Abwehrmittel gegen Flöhe. Diese Wirkung allerdings kann ich nicht bestätigen. Flöhe nämlich gibt es bei uns nicht. Nicht bei den Schildkröten und bei uns schon gleich zweimal nicht. Und sollte es jemals so weit sein, dann kann ich es ja mal mit Maulwurfserde versuchen. „Schau mal Schatz, was ich Dir Schönes mitgebracht habe … Hilft garantiert gegen Flöhe.“ Das punktet. Oder auch nicht.

5

S.O.S.

War es „Fernando“ oder „Souper Trouper“ oder war es „Knowing Me, Knowing You“? Ich weiß es nicht mehr. Besser in Erinnerung habe ich den orkanartigen Sturm, der über das Zelt fegte, als eine ABBA-Coverband auf einem Festival alle großen Hits des schwedischen Quartetts zum Besten gab, um „Money, Money, Money“ zu machen. Es blitzte, donnerte, schlug die Zeltplanen am Boden nach oben, der Regen prasselte auf den Stoff; „Mamma Mia“. Das tat der Stimmung im Zelt keinen Abbruch. Die vier Sänger und eine kleine Band gaben ihr Bestes, das Unwetter zu übertönen und die Leute bei Laune zu halten.
Und es funktionierte.
Irgendwann schlichen ein paar starke Kerle nach draußen, hängten sich in die Seile, damit das Zelt nicht abhob und irgendwann war der Spuk vorbei. Es gab kein „Waterloo“.
Das ABBA-Revival-Konzert, zu dem wir mit unseren damals noch nicht einmal pubertierenden Töchtern gegangen waren, auch. Vermutlich endete es mit einem „Thank you for the Music“ oder einem „Dancing Queen“.
Die vielen Besucher, vornehmlich Familien mit Kindern, strömten durch den nachlassenden Regen zum Parkplatz, einige zogen weiter über den Festplatz unter das schützende Dach der großen Biergärten oder in die kleineren Wein- und Cafézelte. Dieses Festival, von dem hier im Buch noch die Rede sein wird, bot eben für alle etwas.
Gefühlte Stunden dauerte es, bis wir mit unserem Wagen vom Parkplatz, einer mittlerweile total vermatschten Wiese, zurück auf der Straße waren und uns auf den Heimweg machten. Die Feuchtigkeit in der Kleidung und in den Haaren ließ die Scheiben beschlagen, das Gebläse kam kaum nach.
Auf halber Strecke zwischen Erding und unserem kleinen Dorf schien es, als hätten wir das Gewitter wieder eingeholt. Das war natürlich nicht so: Das war ein weiteres, das sich anschickte, über die Region östlich von München hinweg zu fegen. „So long“.

Und plötzlich fiel mir ein: „Verdammt, die Schildkröten sind ja noch draußen". Oder in Kurzfassung: „Scheiße – Outdoor – Schildi: S.O.S."

Wir hatten damals erst zwei Tiere, relativ junge und demzufolge kleine Exemplare. Uns fehlte es an Erfahrung und Gelassenheit, dass Schildkröten durchaus dazu in der Lage sind, sich bei solchen unwetterartigen Regenfällen selbst einen sicheren Platz zu suchen. Zwar wusste ich, dass die Tiere Instinkte haben, die sie steuern, aber verlassen wollte ich mich darauf nicht. Auch hatte ich bereits im Netz von Schildkrötenhaltern gelesen, denen ein Starkregen das halbe Gehege unter Wasser gesetzt hatte – insbesondere das Frühbeet.

„Was, wenn jetzt auch noch Hagel dazu kommt?", fragte ich mich besorgt. „Was, wenn es durch den Regen so abgekühlt hat, dass die Tiere es gar nicht mehr schaffen, aus eigener Kraft ins Frühbeet zurückzukommen?"

Die Sorge war nicht unberechtigt, denn die Tiere hatten noch nicht sicher gelernt, sich abends oder bei Wetterumschwung ins warme und vor allem trockene Frühbeet zurückzuziehen.

Ich drängelte, damit wir schneller nach Hause kommen und nach den Tieren sehen konnten. Gern hätte ich ein wenig aufs Gas gedrückt, aber angesichts des wieder prasselnden Regens und der überaus schlechten Sichtverhältnisse war das keine gute Idee. Gut, dass ich an diesem Abend nur Beifahrer war.

Das Wasser stand auf der Straße und es sollte noch schlimmer kommen.

Im Nachbardorf stand die Straße, die dort eine Kuhle bildet, komplett unter Wasser. Und ich hatte keine Ahnung, wie tief es war.

„Sollen wir da durch fahren?", fragte meine Frau und war sich nicht sicher. Wir

beide wussten, dass hinter dem Ortsausgang ebenfalls eine Senke wartete, in der das Wasser von den umliegenden Feldern schnell zusammenlief. Der kleine Graben am Straßenrand war nicht in der Lage, so viel Wasser aufzunehmen. Schon öfter hatte die Feuerwehr bei solchen Unwettern die Straße gesperrt. Nicht umsonst stand dort damals ein Schild, dass vor Überflutungsgefahr warnte, selbst wenn weit und breit kein Fluss zu sehen war, nicht mal ein Bach.

„Wenn wir jetzt zurückfahren und hintenrum fahren, dann dauert das noch länger. Und denk dran: Die Schildkröten sind noch draußen." Anders als die Kaninchen, die wir vor der Fahrt zum Konzert auf dem Sinnflut-Sommerfestival in ihren Stall gesetzt hatten, wollte ich den Schildkröten die Zeit in der Sonne noch gönnen. Letztlich entschieden wir uns, uns vorsichtig mit dem Kombi durch das Wasser zu tasten. Und auch die zweite Straßenüberflutung war noch nicht so stark, dass wir nicht hätten hindurch fahren können. Wir parkten in einer Seitenstraße und rannten zu unserem Grundstück.

„Gib mir schnell die Taschenlampe und zwei alte Decken heraus", sagte ich zu meiner Frau, die mit den durchnässten Kindern ins Haus ging. Ich selbst zog mir meine alte Gartenjacke an, die im Schuppen hing.

Und dann ging die Sucherei los. Meine Frau kam wieder heraus, nachdem sie die Mädchen versorgt hatte. Gemeinsam suchten wir jeden Zentimeter unseres Geheges ab. Zum Glück war es damals noch nicht so groß, wie es jetzt ist. Der Regen schien noch einmal zugelegt zu haben. Ich kroch fast auf allen Vieren herum, hob Zweige von Büschen hoch und suchte und suchte. Denn im Frühbeet waren Dr. Jekyll und Mr. Hyde natürlich nicht.

Meine Frau leuchtete mir mit der langsam schwächer werdenden Taschenlampe. Denn wie immer gilt auch hier: Wenn man solche Gegenstände mal braucht, dann sind die Batterien fast leer.

Flüche kamen über meine Lippen. Es folgte auch das unvermeidbare „Hätte ich sie doch reingetan ...", was in solchen Momenten auch nicht weiterhilft. Langsam setzte Panik ein und langsam durchweichten auch meine Jacke und meine Hose. Es half nichts. Ich musste weiter suchen.

Keine fünf Minuten hat es gedauert, dann fand ich Mr. Hyde, der sich unter ein paar Zweigen eines dichten Lavendelbuschs schon ziemlich eingegraben hatte. Aber fünf Minuten können im strömenden Regen verdammt lang werden.

Auch Dr. Jekyll erblickte ich irgendwann im immer blasser werdenden Lichtkegel der Taschenlampe. Sehr geschützt und versteckt unter einer kleinen Kiefer hatte er es sich bequem gemacht. Alle Aufregung war umsonst. Zwar starrten sie vor Dreck und matschiger Erde, aber sie wären weder erfroren noch ertrunken – und vermutlich hätte ihnen selbst ein einsetzender Hagel nichts anhaben können. Aber weiß man's?

Glücklich, aber selbst klatschnass, setzte ich die beiden in ihr Frühbeet, schloss den Deckel und den Eingang, und warf die beiden Decken darüber.
„Falls es doch noch hagelt“, sagte ich, denn ich wollte nicht, dass das erst vor kurzem aufgebaute, sündhaft teure Frühbeet einem vom Himmel fallenden Eisbrocken zum Opfer fällt.

Mir kamen die Bilder vom Hagelsturm über München von 1984 in den Sinn: tennisballgroße Hagelkörner, mehrere schwerverletzte Menschen, immense Gebäudeschäden, zerstörte Flugzeuge und über 200.000 extrem verbeulte Fahrzeuge. Unsere beiden Autos parkten am Straßenrand und würden wohl im Falle eines Hagelschlags ganz schön was abbekommen. Aber Hauptsache das Frühbeet war jetzt einigermaßen geschützt. Zumindest, wenn die Hagelkörner nicht ganz so groß würden. Man muss eben Prioritäten setzen.

Es hat übrigens nicht gehagelt.

Tags darauf klingelte unser Nachbar von der Tankstelle an der Tür. In der Hand hielt er das Nummernschild unseres Wagens. Das nämlich war im Nachbardorf gefunden worden – genau dort, wo am Abend zuvor die Straße überflutet gewesen war. Der Finder hatte einfach mal bei der nächsten Tankstelle gefragt, ob der Inhaber wisse, wem das Nummernschild wohl gehören könne – ein kluger Mann. Warum es sich von seinem Träger gelöst hatte? Keine Ahnung. Ist auch egal. Es findet sich eben alles wieder: Schildkröten und Nummernschilder.
Im Rückblick muss ich schon über mich schmunzeln. Einige Jahre sind seitdem ins Land gegangen, viel von der anfänglichen Nervosität der Einsteiger ist zu Gunsten einer Gelassenheit gewichen. Schildkröten vertrauen auf ihren Instinkt und ich habe gelernt, ebenfalls darauf zu vertrauen. Die Tiere wissen schon, was gut für sie ist.
Und davon mal ganz abgesehen: Ich habe gelernt, dass die Schildkröten sehr gerne mal im Regen durch das Gehege spazieren gehen. Vor allem Sisi scheint größtes Vergnügen daran zu finden. Sie sind ja schließlich nicht aus Zucker. Das hat meine Mutter übrigens auch immer zu meinem Bruder und mir gesagt, wenn es draußen regnete und wir zur Schule gefahren werden wollten: „Geht mal schön zu Fuß. Ihr seid ja nicht aus Zucker.“

6

WOFÜR DAS DENN?

Nicht nur Schildkröten regen die Fantasie der Heimwerker an.
Im Frühjahr 2003 bekam unsere Tochter zum Geburtstag zwei Kaninchen geschenkt. Ein paar Tage später stand ich im Baumarkt. Freunde hatten sich ebenfalls Kaninchen angeschafft. Süße, winzige, schwarze Knäuel, die ein turbulentes Leben in ihrem Gehege führten. Gern, so erzählte uns der Freund, verschwänden seine Kaninchen in Plastik-Abflussrohre, die er aus dem Baumarkt besorgt hatte. Wann immer der Nachbarsjunge mit seiner Cowboy-Pistole durch den Garten tobt oder ein wildgewordener Schäferhund am Zaun kläfft, tauchen die beiden in den grauen Rohren, die er einfach ins Gehege gelegt hat, ab.
Eine geniale Idee.

Und so machte ich morgens auf dem Weg ins Büro einen Abstecher zum Baumarkt. Mein Gang führte mich direkt in die Sanitärabteilung. Ratlos stand ich vor den Rohren, als mich ein älterer Verkäufer ansprach.
„Kann ich Ihnen helfen?"
Er ahnte wohl, dass ich nicht unbedingt zu den erfahrenen Abflussrohrkunden gehörte. Statt handwerklicher Arbeitskleidung trug ich Business-Chic: So einer kennt sich ganz sicher nicht aus. Und damit hatte er nicht mal Unrecht. Was weiß ich schon von Abflussrohren?
„Ja", erwiderte ich. „Ich suche Abflussrohre. Haben Sie auch größere?"
„Größere?", fragte er nach.
„Na ja, die sind etwas zu dünn. Der Durchmesser müsste größer sein."
Er sah mich kritisch an und bedauerte.
„Nein, tut mir Leid. Das sind alles genormte Maße. Stärkere gibt es leider nicht."
„Das ist schade", murmelte ich. „Da passen doch niemals die Kaninchen durch!"
Unglauben und Entsetzen zeichneten sich in seinem Gesicht ab. Ich bemerkte, dass ich etwas zu laut gedacht hatte. Diese Bemerkung hatte der gute Mann natürlich komplett missverstanden, was man ihm nicht verübeln konnte. Erst als ich ihm erklärte, dass ich keineswegs beabsichtigte, Kaninchen im Klo herunter zu spülen, war er beruhigt.

Ich denke, ihm ging es wie mir: Diese Geschichte wird er sicher einige Male erzählt haben: „Da fragt mich doch ein Kunde nach Abflussrohren, durch die auch seine Kaninchen passen …"
Tja, so sind sie, die heimwerkenden Tierhalter. Ein fantasievolles Völkchen …

Schildkrötenhalter sind da keinen Deut besser. Mal sind es Terrassendielen, die zu Gehegebegrenzungen umfunktioniert werden, mal Siebdruckplatten für den Deckel einer Schlafgrube.

Ich weiß von Haltern, die sich an das Frühbeet eine Regenrinne gebaut haben, andere betonierten sich kleine Teiche mit Waschbeckenabfluss mitten ins Gehege. Der eine fertigt sich aus einer Salatschleuder eine Futterraufe, ein anderer nutzt alte Verkaufsgitterkörbe, um Pflanzen vor frühzeitigem Fraß zu schützen.

Thorsten erzählte mir, er röche im Baumarkt an Mörtelwannen. Nur wenn sie nicht allzu sehr stinken, würde er sie für die Überwinterung seiner Schildkröten verwenden. Vor meinem geistigen Auge entsteht das Bild eines Mannes, der im Baumarkt steht und an schwarzen Kunststoffwannen schnüffelt – und dann erklären Sie das mal einem Mitarbeiter, was Sie da machen, ohne dass der Sie für einen durchgeknallten Irren hält. Wie gut, dass es anderen Schildkrötenhaltern auch so geht und sie sich angesichts ihres abstrusen Verhaltens plötzlich einer verständnislosen Verkäuferin gegenüber sehen. Es ist alles nur eine Frage der Fantasie und der handwerklichen Geschicklichkeit.

Seitdem im Münchner Süden ein großer Baumarkt mit Garten- und Zooabteilung aufgemacht hat, gehöre ich dort zu den Stammkunden, weniger der Schildkröten wegen als meiner anderen Tiere, für die ich regelmäßig Futterinsekten einkaufe. Die Fachverkäuferin kennt mich mittlerweile, wir sind per Du und fachsimpeln über Terraristik und artgerechte Haltung.
Mandy S., so heißt die Gute, ist dabei die seltene Ausnahme, verfolgt man die fortgesetzte Kritik an solchen Märkten im Internet. Die Frau weiß, wovon sie redet, verkauft noch längst nicht jedem jedes Tier und gibt Haltungstipps, die Hand und Fuß haben. Sie erschüttert wenig und überrascht auch nichts, wenn ich mit den absurdesten Fragen auftauche – anders als ihr Kollege in einem anderen Baumarkt, der mir schon zweimal Hausverbot angedroht hat, nachdem ich ihm den Schrank mit den verschimmelten Futtertieransätzen ausgeräumt habe, um wenigstens eine Dose zu finden, die sich zu kaufen lohnt.

Verstörte Blicke hingegen erntete ich im Elektro-Geschäft, Abteilung „Weiße Ware", als ich einen neuen Kühlschrank gekauft habe. Neben Energie-Effizienz ging es mir natürlich darum, einen zu finden, der kein Gefrierfach hat und viel Platz bietet. Ich erinnere mich noch gut an das Gespräch, das ich mit dem Verkäufer führte.

„Kann ich Ihnen helfen?", eilte der dienstbeflissene Verkäufer herbei. „Ja, wir bräuchten einen Zollstock. Ich muss mal im Kühlschrank etwas ausmessen." Dann faltete ich einen Zettel auseinander, auf dem ich mir die Maße meiner Überwinterungs-Plastikboxen aufgeschrieben hatte. Das Ganze war ihm offensichtlich zu komplex.

„Wir suchen nämlich einen Kühlschrank für unsere Schildkröten und ich muss wissen, wie viele Tiere ich da hinein bekomme."

Das machte ihn zunächst etwas fassungslos, aber als ich ihm erklärte, was genau wir mit dem Kühlschrank vorhätten, zog er erstaunt die Augenbraue nach oben.
„Aha, Sachen gibt's", antwortete er und begann, uns die Vor- und Nachteile der einzelnen Kühlschränke zu erklären.

So richtig zugehört habe ich allerdings nicht. Mir ging es nur darum, wie viele Überwinterungsboxen im Kühlschrank Platz finden bei optimaler Verteilung der Einlegebögen. Also ließ er mich messen. „Wenn Sie noch eine Frage haben, dann melden Sie sich einfach!", bemerkte er. Ich nickte dankend. Er konnte sich anderen Kunden zuwenden, Menschen, die einen Herd kaufen wollten – hoffentlich nicht auch für irgendwelche Tiere, die sie im Garten haben. Man weiß ja nie, auf welche spinnerte Ideen Tierhalter manchmal kommen. Es soll ja, so hörte ich aus erster Hand, auch Schildkrötenhalter geben, die

ihren Kühlschrank für einen Thermofühler, der den Schrank steuern soll, am liebsten durchbohren würden. Ein Anruf bei der Kundenberatung eines namhaften Kühlschrankherstellers ließ einen guten Freund davon allerdings Abstand nehmen.

Man stelle sich vor: „Guten Tag. Ich möchte mir einen Kühlschrank kaufen, aber ein Loch quer durch die Wand bohren. Geht das? Funktioniert er dann noch richtig?"

Da mag der Mitarbeiter am anderen Ende der Leitung sich wohl erst mal gedacht haben: „Das ist doch gar nicht die Frage, ob der Kühlschrank noch richtig funktioniert, wenn man ihn anbohrt. Die Frage ist, ob Sie noch richtig ticken ..."
Gesagt hat er es nicht. Aber als der Freund erklärte, worum es dabei ginge, ist dem Mitarbeiter möglicherweise die Erkenntnis gekommen: „Die spinnen, die Schildkrötenhalter."

Mag sein, dass er damit gar nicht mal so Unrecht hat.

7

EIN BESUCH IM ZOO

Sicher haben Sie auch Lieblingstiere, wer hat die nicht?
Kein Zoobesuch in München, der uns nicht bei den Schabrackentapiren vorbei führt. Ich mag diese merkwürdigen Viecher, die mit Eseln und Nashörnern verwandt sind und irgendwie auch aussehen wie eine misslungene Kreuzung aus beiden Arten. Und da der Münchner Zoo der nächsterreichbare ist, waren wir, zumindest als die Kinder kleiner waren, relativ häufig dort.

Aber auch in anderen Zoos halte ich Ausschau, ob es dort vielleicht diese ulkigen, eigentlich in Südostasien beheimateten Unpaarhufer gibt.
Und ich schaue nach Schildkröten. Was hätten Sie denn gedacht? Kein Zoo, durch den ich nicht schnurstracks zur Terraristik marschiere. Löwen, Elefanten, Pinguine, Seehunde … alles schön und gut – aber wo sind die Schildkröten?
In den großen Aquarien verhält es sich nicht anders. Während sich die Besuchermassen vor Seepferdchen, Feuerfischen, Muränen und kleinen Haien die Nase an den Scheiben plattdrücken, hetze ich an den Becken vorbei und werfe kaum einen Blick hinein, obwohl doch die Korallenaquarien so wunderschön sind. Es wimmelt bunt und lebhaft hinter dem Glas. Kinder entdecken in den Clownfischen kleine Nemos und kreischen begeistert. Väter dozieren vor den Piranhabecken ihr Halbwissen und erzählen von todbringenden Schwärmen, die irgendwo in den Flüssen Südamerikas lauern und einen Menschen in Minutenschnelle bis auf die Knochen abnagen. Jeder, der sich an einem Ferienwochenende in einem Zoo oder Aquarium ein wenig in der Nähe entsprechender Tiere aufhält, kann sich solche Geschichten zu Hauf anhören.
Ungleich gemütlicher geht es da doch bei den Reptilien zu. Die liegen nämlich meistens nur unter ihren Heizlampen und lassen es sich gut gehen. Jede Bewegung ist auf das Nötigste reduziert. Während sich vor den Schlangenterrarien wenigstens noch die Besucher drängeln

und Eltern ein „Die ist doch bestimmt giftig, oder?“ beantworten müssen, ist es bei den Echsen zumeist gähnend leer. Den Zoobesuchern ist es einfach zu langweilig. Oft entdecken sie die Tiere nicht Mal, dann zerrt der Nachwuchs sie weiter. Lediglich die träge im Wasser liegenden Krokodile und allenfalls noch die ganz großen Würgeschlangen vom Kaliber einer Anakonda verursachen leichte Gänsehaut.

Terrarien sind eben eher etwas für Insider, schon deshalb, weil die wenigsten sich überhaupt die Zeit nehmen, die entsprechenden Häuser zu suchen und zu betreten. Natürlich ist das ein subjektiver und auch völlig falscher Eindruck, aber ich behaupte, dass die Reptilienhäuser eher versteckt in der hintersten Ecke der Zoos platziert werden. Auf den Gedanken hat mich Schildkrötenfreundin Iris gebracht, als wir uns über Zoobesuche unterhielten. Sie erzählte von gefühlt „ewig langen Wegen, denn die Reptilien sind meistens am Arsch der Welt!“

Diejenigen aber, die sie tatsächlich finden und sich für diese Tiere begeistern können, beobachten ausgiebig und hingebungsvoll Leguane, Skinke und Warane, und fotografieren, was die Kamera hergibt. Ich selbst mache da keine Ausnahme.

Am Wichtigsten aber sind Schildkröten. Egal in welchem Zoo, egal in welchem Aquarium – ich will sie sehen: Riesenschildkröten, Sumpfschildkröten, Meeresschildkröten, egal, was der jeweilige Tierpark zu bieten hat.

Selbst vor den Gehegen Griechischer Landschildkröten kann ich stundenlang verweilen.

„Lass uns mal weitergehen“, schlägt dann

meine Familie vor. „Die haben wir doch zu Hause …". Oder etwas kompromissbereiter: „Wir treffen uns dann in einer Stunde bei den Seelöwen", wenn es ihnen im Reptilienhaus zu langweilig wird. Pah! Als ob eine Stunde ausreichen würde …

Dabei hat die Beobachtung von Schildkröten im Zoo doch so viele Vorteile: Für die meisten Besucher sind sie „ganz nett", tendenziell aber eher langweilig. Wenn es nicht gerade regnet und alles in die Tierhäuser drängt, dann verweilen die Besucher am liebsten entweder vor den spektakulären Gehegen oder eben den ach so niedlichen Tieren. Oder es zieht sie dahin, wo Action ist, sprich: Wo gerade gefüttert wird.

Schildkröten gehören da eher nicht dazu. Sie springen nicht aus dem Wasser, wenn man Fische reinwirft, sie rennen nicht aufgeregt hin und her und schmettern auch kein Törrööö in die Landschaft. Sie sind einfach nur da.

Also habe ich gute Chancen, vor den Gehegen, Aquarien oder Terrarien zu verweilen und in aller Ruhe zu fotografieren. Ich habe Platz, die Tiere sind sehr ruhig, was mir sehr gelegen kommt, denn Blitzlicht hat in der Tierfotografie nichts zu suchen.

Es drängt und lagert sich nicht dicht an den Scheiben und Begrenzungen, und so verweile ich dort stundenlang. Es entstehen hunderte von Fotos, die alle auf einer externen Speicherplatte landen. Das Spiel wiederholt sich bei jedem Zoobesuch. So ist mit den Jahren ein riesiges Bildarchiv mit Rohdaten entstanden. Denn gelöscht wird natürlich nur, was ganz und gar unbrauchbar ist. Und digital nachbearbeitet werden die Bilder nur, wenn sie tatsächlich Verwendung finden – wie eben die Bilder, die in diesem Buch enthalten sind.

„Warum fotografierst Du stundenlang Schildkröten, noch dazu, wo Du doch den Garten voll damit hast?" Die Frage hörte ich anfangs öfter, ich verstehe das.

Andererseits: Ich habe doch „nur" die ganz einfachen Griechischen Landschildkröten. Und vor mir liegt doch eine Maurische. Oder eine amerikanische Dosenschildkröte. Oder eine Spornschildkröte, eine Pantherschildkröte, eine … Es gibt so viele verschiedene Arten und Unterarten.

Ganz aus dem Häuschen bin ich übrigens, wenn ich irgendwo Urlaub mache, wo es eine Schildkrötenstation oder einen Reptilienzoo in der Nähe gibt. Da ist so ein Urlaubstag aber schnell um. Egal ob ein Besuch des Schildkrötenparks „A Cupulatta" auf Korsika, des Wiener Haus des Meeres oder des Aquariums und der Meeresschildkrötenstation in Pula in Kroatien. Selbst in Stralsund im Meeresmuseum gibt es für mich zwei ganz besondere Attraktionen: Das riesige Becken mit den Meeresschildkröten und das Präparat einer beeindruckenden Lederschildkröte, die es irgendwann mal in die Ostsee verschlagen hatte. Beides wird stundenlang bestaunt. Da geraten Wrackteile, Seepferdchen-Becken oder Walskelette gern zur Nebensache.

In den Aquarien ist es nicht anders. Während die großen Becken mit Meeresfischen ein großer Magnet für die Besucher ist, langweilen sich Kinder und Eltern angesichts der träge in den Bäumen liegenden Leguane und der darunter liegenden Köhlerschildkröten fast zu Tode.
Ich nicht. Ich verschwende kleine Ewigkeiten, um wenigstens ein halbwegs schönes Portraitfoto dieser Tiere hinzubekommen. Das geht so lange, bis ich nachhaltig aufgefordert werde, es gäbe doch noch andere Tiere zu sehen, ich solle doch jetzt bitte mitkommen zu den Giraffen, „die haben nämlich vor kurzem Nachwuchs bekommen ... und den wollen wir uns unbedingt ansehen!"
„Ja, doch! Ist ja gut. Ich komme schon. Sollen wir auf dem Weg dorthin einen Abstecher ins Gebäude mit den Großkatzen zu machen? Da kommen wir doch sowieso vorbei", schlage ich vor.
Das Katzenhaus in München ist relativ neu, sehr schön eingerichtet und zwischen den Gehegen für Löwen, Geparden und Ozelots gibt es noch eine ganz besondere Attraktion: Ein paar Schildkrötenterrarien. Die tropische Wärme des Gebäudes bekommt eben nicht nur den Katzen gut. Also los – ab zu den Löwen.

8

DIE LIEBEN NACHBARN

„Schau doch mal. Da müssen sechs Stück drin sein."
Das Schlafzimmerfenster ist geöffnet. Ich räume gerade auf, da höre ich eine Männerstimme. Kurz darauf erklingt eine Kinderstimme, die antwortet: „Ich sehe aber keine."
„Dann müssen wir mal suchen …", und einen kurzen Moment später: „Da. Schau mal. Da bei dem großen Stein. Da ist eine. Siehst Du?"
„Ja …" – was nicht besonders glaubwürdig klingt.
Das Gespräch zwischen Vater und Sohn, dessen Zeuge ich zufällig werde, macht mich nervös. Ich weiß sofort: Da kann es nur um meine Schildkröten gehen. Ist da jemand auf unser Grundstück gekommen?

Ein Blick aus dem ersten Stock aus dem Schlafzimmerfenster schafft Aufklärung. Am Zaun steht ein mir unbekannter Mann. Er hält einen etwa fünfjährigen Jungen auf dem Arm. Beide schauen über den Zaun hinein in unser Schildkrötengehege. Das kann ich ihnen nicht verwehren und das will ich auch nicht, obwohl ich zugeben muss, dass mir das Ganze etwas unbehaglich ist. Also beobachte ich erst einmal weiter, was dort geschieht. Unser Gehege grenzt an das Nachbargrundstück, ist aber von der Straße aus nicht einsehbar. Also muss der Vater mit seinem Sohn auf das Nachbargrundstück laufen, um sich an den Zaun zu stellen. Von dort schauen die beiden und suchen das Gehege nach unseren Tieren ab. Nach und nach entdecken sie die Schildkröten. Sie finden nicht alle, aber das ist nicht verwunderlich. Das tue ich normalerweise nämlich auch nicht, wenn ich nicht ins Gehege steige und die Blätter der Segge hochhebe oder die Zweige der kleinen Kiefern und des Fingerstrauchs auseinanderbiege. Vor allem in der Mittagszeit bei sommerlichen Temperaturen liegen die Tiere lieber unter irgendwelchen Sträuchern, als sich auf gut einsehbaren Stellen der Nachbarschaft zur Schau zu stellen.

Irgendwann wird es dem Sohnemann dann doch zu langweilig. Schildkröten sind vielleicht doch nicht so faszinierend, weil sie nicht unentwegt durchs Gehege rennen und Action machen. Vielleicht wird das Kind aber auch nur seinem Vater zu schwer. Und sie sind nun mal auch nicht so niedlich wie Kaninchen oder Meerschweinchen.

Der Mann setzt seinen Sohn ab, beide drehen um und gehen hinüber zum Nachbarhaus. Das beruhigt mich. Einerseits freut es mich natürlich, wenn es Menschen gibt, die Interesse an dem Hobby Schildkrötenhaltung haben oder sich einfach nur für die Tiere begeistern können. Andererseits weiß ich, dass es Zeitgenossen gibt, bei denen die Begeisterung so groß ist, dass sie die klar gezogenen Grenzen zwischen *mein* und *dein* nicht mehr erkennen und sich der Tiere anderer Leute bemächtigen – um nicht zu sagen, sie aus deren Gärten heraus stehlen. Das kommt relativ häufig vor. Schildkröten stellen einen gewissen Wert dar, vor allem, wenn es geschlechtsreife Weibchen sind.

Zudem hörte ich auch von Fällen, in denen Kinder aus der Nachbarschaft der betroffenen Halter einfach auf deren Grundstück gegangen sind und sich eine Schildkröte zum Spielen geholt haben. Da wird man etwas nervös, wenn fremde Leute am Zaun stehen, in das Gehege schauen und auch genau wissen, wie viel Tiere eigentlich darin sein müssen.

Selbstverständlich möchte ich niemandem unterstellen, dass er die Absicht hat, uns ein Tier zu stehlen oder es sich zum Spielen auszuleihen – und diesem Mann und seinem Sohn schon gleich zweimal nicht. Sie wollten einfach nur schauen.

Seit geraumer Zeit ist das Haus unserer Nachbarn eine Baustelle. Hand-

werker gehen ein und aus, die Baumaßnahmen sind weitreichend. Das dauert. Und immer wieder kommen neue Handwerker: Maurer, Elektriker, Fliesenleger, Installateure … Sie geben sich die Klinke in die Hand. Und einer dieser Handwerker hat heute, an einem Freitagvormittag, offensichtlich seinen kleinen Sohn dabei, als er auf der Baustelle etwas erledigen will. Um dem Kind auch etwas Abwechslung zu bieten, hat er seinem Sohn eben die Schildkröten gezeigt. Das ist alles.

Vermutlich hat ihm die Nachbarin den Tipp gegeben und ihm auch gesagt, dass es sechs Tiere im Gehege sind. Er soll doch mal schauen, wie viele er entdecken kann. Also stehen sie ein paar Minuten am Zaun.

Das machen übrigens unsere Nachbarn auch öfter mal. Sie mögen unsere Schildkröten und schauen hin und wieder nach ihnen. Mir ist das ganz recht. Wenn man berufstätig und deshalb den ganzen Tag nicht daheim ist, tut es gut zu wissen, dass da wer ist, der ein Auge auf unser Grundstück und eben auf unsere Tiere hat. Leben auf dem Land bietet eben gewisse Vorteile. Das ist einer davon.

Die Nachbarn verwöhnen unsere Tiere gelegentlich auch mit Leckereien, die sie über den Zaun werfen. Und dann stehen sie da und warten, ob die Tiere aus ihren bevorzugten Verstecken oder Sonnenplätzen kommen und sich gierig auf das frisch herausgerissene Unkraut stürzen.

Ich bin damit einverstanden, denn sie wissen, was ins Gehege geworfen werden darf, und was nicht … und vor allem, in welchen Mengen.

So also landet manches Unkraut aus dem Gemüsebeet unserer Nachbarn im Gehege. Hin und wieder sind es auch ein paar Blätter von deren selbst angebauten Salaten, wenn diese geschossen und folglich nicht mehr zum Verzehr geeignet sind. Da alles ungedüngt und ungespritzt ist, dürfen meine Schildkröten also gelegentlich an ein paar Blättern des nachbarlichen Pflücksalats knabbern.
Meist aber ist es Unkraut. Im Frühjahr fliegen büschelweise Knoblauchrauke und Löwenzahn und im Sommer Rainkohl und Malven über den Zaun.
Das alles wächst nämlich in rauen Mengen in Nachbars Gemüsebeet. Im Gegensatz zu meinen Nachbarn wundere ich mich allerdings nicht, warum diese Pflanzen seit zwei, drei Jahren in so großer Zahl überall zwischen ihren Erdbeeren, Salatpflanzen, Bohnen, Kresse und Gurken aus der Erde schießen.

Ich hätte sogar eine Erklärung dafür, aber mich fragt ja zum Glück keiner.
Denn all die Pflanzenarten habe ich vor Jahr und Tag in unserem Schildkrötengehege ausgesät. Samentüten habe ich extra in großer Zahl auf einer Schildkrötentagung gekauft.
Ausgebracht habe ich den Samen natürlich nur in unserem Gehege – natürlich. Was also kann ich dafür, wenn der Wind und die Vögel den Samen aufs Nachbargrundstück verteilen und all die guten Futterpflanzen nicht nur bei uns, sondern auch nebenan gedeihen?

Aber ich bin ja ein netter Nachbar. Also habe ich angeboten, über den Zaun zu steigen, und im Gemüsebeet der Nachbarn regelmäßig das Unkraut herauszuzupfen, um es an die Schildkröten zu verfüttern, wenn es denn eine gewisse Größe erreicht hat.
Die Bemerkung „Wie schön, dass endlich das Unkraut wieder wächst", verkneife ich mir allerdings. Wer weiß – sonst ahnt sie am Ende noch was von meiner Großflächenaussaat.
Gern hole mir auch aus Nachbars Garten die Brennnesseln von der Hecke und das Ferkelkraut auf der Obstwiese. Auch die Zaunwinde, die jahrelang von unseren Schildkröten keines Blickes gewürdigt wurde, gehört mittlerweile zum begehrten Futterspektrum. Man muss es ihnen nur lange genug anbieten, was unsere Nachbarin offensichtlich getan hat. Endlich kann ich dieses Mistzeug einer sinnvollen Verwendung zuführen und habe eine Futterquelle, die fast schneller nachwächst, als meine Schildkröten es fressen können.Wenn das keine Win-win-Situation ist, dann weiß ich es auch nicht …

Übrigens: es ist Oktober, als ich diese Zeilen schreibe. Das ist die beste Zeit, die beiden Tütchen Blumenwiesensamen, die ich vor ein paar Wochen auf einer Tagung gekauft habe, in das neue Stück Schildkrötengehege zu streuen.
Unsere Nachbarn können sich also schon mal auf Wilde Malve, Hirtentäschel,

Löwenzahn, Spitzwegerich, gemeine Wegwarte, guten Heinrich, Sigmarskraut, Nachtkerze, Klatschmohn, Rainkohl, Mariendistel, wildes Stiefmütterchen, Ackerstiefmütterchen, wilde Möhre, Schafgarbe, Sommerwicke, Moschusmalve, Bocksbart, Esparsette Perser- und Weißklee gefasst machen.

Denn im Schildkrötengehege werden vermutlich die wenigsten Wildkräuter wachsen; aber vielleicht ein paar Meter weiter im Blumen- und Gemüsebeet unserer Nachbarn.

Ich stelle mich jedenfalls schon mal aufs Unkrautjäten ein. Da bin ich ganz großzügig.

Foto: Stefanie Prause

9

STEINE SAMMELN, STEINE ZERSTREUEN

Mit Steinen für mein Schildkrötengehege ist das bei mir so eine Sache ...

In ferner Zukunft werden sich Geologen vielleicht wundern, was für ein merkwürdiges Steingemisch sich auf engstem Raum irgendwo in einem Garten in Oberbayern finden lässt. Denn in meinem Gehege sammelt sich alles Mögliche an Steinen und Gesteinsarten an, vieles davon ist zusammengekauft, vieles aber auch aus diversen Urlauben mitgebracht.

Zunächst einmal ist da der Kies, der einige Teile der Gehegefläche abdeckt. Das ist ein wildes Gemisch aus Marmor, den ich säckeweise ins Gehege geschüttet habe, als dieser so günstig im Baumarkt zu kaufen war. Das war ein Schnäppchen, da konnte ich nicht widerstehen. Ich meine: Marmor. Hallo? Wer kann da schon nein sagen. Vornehm geht eben die Welt zu Grunde.

Den Marmor habe ich mit dem bereits vorhandenen, „schnöden", bayerischen Kiesel verpaart, den ich aus einer Kiesgrube aus unserer Nachbarschaft geholt habe. Damals habe ich für den Gehegebau eimerweise Kies benötigt – zuerst als Unterbau unter Frühbeet und Schlafhaus, dann aber auch, um einige Stellen im Gehege, die bei heftigem Regen immer als erstes vermatschen, trocken zu legen. Doch das ist noch lange nicht alles.

Also fährt man eben an der Kiesgrube vorbei, schaufelt sich alle mitgebrachten Eimer voll, achtet beim Heimweg darauf, nur schön sanft um die Kurven zu gleiten, damit keiner umfällt – und dann ab mit dem Kies in die Gehegebaustelle.

Und dann wären da noch zwei Säcke Rosenquarz und einige Säcke gelber Kalkstein „Giallo", die ebenfalls vor einigen Jahren im Gehege gelandet sind. Auch das waren Spontankäufe, Schnäppchen aus dem Baustoffhandel, als ich wegen einer Gehegeerweiterung dringend Gestein brauchte. Alles ist wild gemischt, alles verträgt sich mit- und untereinander. Gut, dass Steine nicht reden und nicht beißen können, und dass sie nicht streitsüchtig sind. Da wir schweren Lehmboden haben, musste ich jede Menge

Foto: Stefanie Prauser

kleine Steine einbringen, Kiesbett für Drainagen, Flächenabdeckungen usw.

Gekauft habe ich mal hier und mal dort, immer was günstig war und gut aussah. Ich gehöre nicht zu den Puristen, die um jeden Preis eine einheitliche Kalksteinsorte im Gehege haben müssen. Das entspricht zwar nicht den geologischen Bedingungen der Schildkrötenhabitate, ich denke aber, die Tiere kommen mit diesen unterschiedlichen Mineralien trotzdem gut zurecht.

Struktur habe ich mit vielen größeren Gesteinsbrocken von nah und fern geschaffen – Steine, die ich zum Teil im Schweiße meines Angesichts durch die Gegend geschleppt habe, wie Spinner das eben machen.

Da wäre zum Beispiel ein großer Kalksteinbrocken aus den bayerischen Alpen, den ich auf einer Bergwanderung entdeckt habe.

„Der schaut schön aus, passt auch gut ins Gehege, den nehme ich mit", dachte ich mir und hob ihn auf. Ganz schön schwer, das gute Stück, aber so weit ist es ja nicht mehr bis zum Auto.

Welch ein Irrtum …

Am Anfang war er noch leicht zu tragen, aber der Weg – wir waren bereits auf dem Rückmarsch zum Parkplatz – zog sich mehr als gedacht.

„Dann lass ihn doch einfach liegen", meinte meine Frau, die natürlich wusste, dass ich das jetzt erst recht nicht mache.

Der Stein, den ich nach ausgiebiger Brotzeit in den dann fast leeren Wanderrucksack getan hatte, schien von Meter zu Meter schwerer zu werden und zerrte den Rucksack nach unten.

Es wäre ein Leichtes gewesen, ihn einfach wieder auszupacken und zurückzulassen. Aber das kam ja gar nicht in Frage. Da bin ich konsequent.

„Jetzt erst recht nicht!"

Steine schleppen gehört eben auch dazu, wenn man Schildkrötenhalter ist. Und dieser eine aus den Alpen, der passt halt so wunderbar. Da wusste ich schon beim Wandern, als ich ihn entdeckte, wo der seinen Platz finden wird.

Auch die Steine, die ich in der Nähe von Wiener Neustadt bei einem Spaziergang aus einem Wald mitgenommen habe, hatten es gewichtmäßig in sich. Bitte fragen

Sie mich nicht, was das für eine Gesteinsart ist. Jedenfalls ist es nicht der dort übliche Sandstein sondern eine Quarzart, vielleicht ein Karneol. Die Steine hat irgendwann mal irgendwer dort abgekippt, ich habe ein paar besonders schöne Exemplare eingesammelt und im Pappkarton zum Auto getragen, erst einen, dann einen zweiten.

Unscheinbar sind diese Steine – blass rosa-rot schauen sie aus – bis sie nass werden. Dann haben sie plötzlich leuchtende Farben, sehen aus wie ein Stück gemaserter Schinken oder Speck.

Ich habe Granitstücke aus der Gallura im Norden Sardiniens im Gehege, Kalksteinbrocken aus dem kroatischen Velebitgebirge und Schieferplatten aus dem Bergischen Land. Den Granit mitzubringen, war nicht so leicht. Denn es ist ja nicht so, dass ein Auto mit fünf Personen und Urlaubsgepäck nicht schon voll bis unters Dach wäre. Und wenn ich dann noch ankomme und sage, wir müssen noch Steine mitnehmen, strahlen die Gesichter der mitreisenden Familie nicht gerade Begeisterung aus. Aber Platz für einen schönen Stein musste einfach zu finden sein. Und so füllt sich nach jedem Urlaub das Gehege Stein um Stein.

Steine sammeln – Steine zerstreuen.

Manchmal mache ich das auch im großen Stil: Nicht so, wie einige Schildkrötenhalter, die sich Steine gleich LKW-weise holen. Das ist mir dann doch zu heftig. Aber mit mehreren Eimern im Kofferraum bin ich auch schon für ein paar Tage nach Österreich zu meinen Verwandten gefahren. Der Steine wegen mussten wir unser Reisegepäck etwas einschränken, denn in der Nähe des Neusiedler Sees liegt der berühmte Römersteinbruch. Neben Skulpturengarten und Passions- und Opernfestspielen bietet der eigentliche Steinbruch dem naturinteressierten Spaziergänger

nicht nur großartige Ausblicke über den See und die Weinberge, sondern auch ein fast mediterranes Biotop. Schildkröten gibt es dort natürlich nicht, aber Kalksandstein in Hülle und Fülle. Und Steine, die dort einfach herumliegen (nein, wir haben sie nicht aus dem Steinbruch mitgehen lassen), landeten gleich eimerweise im Kofferraum unseres Kombis und danach im Schildkrötengehege. Ich gebe zu: Das ist etwas schrullig. Aber mir macht das Spaß. Tragen muss ich die Steine ganz allein, es kann sich also niemand beschweren.

Auch den flachen Stein, den ich am Ufer des Lago di Santa Croce, einem Voralpensee im Veneto, gefunden habe, habe ich mitgenommen. Zugegeben: Das ist kein schöner Stein. Aber der etwa tellergroße Sandstein ist als Trittplatte wunderbar geeignet – und er hat die Form von Sylt. Nein, eher von Korsika. Das allein war schon Grund genug, den Stein mitzunehmen. Korsika liegt schließlich nicht in Italien – auch nicht als Stein am Ufer des Lago. Ein guter Grund, finden Sie nicht?

Drei weitere schöne Steine fanden im gleichen Urlaub den Weg ins Auto. Mitgenommen habe ich sie aus einem Waldstück in der Nähe des Castello di Caneva. Jetzt liegen sie nicht mehr im Friaul, sondern in meinem Gehege. Einer davon direkt in der Nähe eines kleinen Lavastücks, das mir mein Neffe vom Aetna aus Sizilien mitgebracht hat. Das Kind kennt mich eben.

Besonders angetan haben es mir mehrere kuchentellergroße, schneeweiße Marmorsteine, die ich 2016 im Urlaub in der Toskana nördlich von Carrara gefunden habe. Da konnte ich einfach nicht widerstehen, sie mitzunehmen.

„So lange ich Steine aus dem Urlaub mitbringe“, so kommentiert es meine Frau, „brauchen wir an einen Urlaub mit dem Flugzeug gar nicht erst zu denken“. Ansonsten ist es ihr egal, sie muss sie ja nicht schleppen. Den Schildkröten ist das natürlich auch egal, dass ich im Urlaub an sie gedacht und ihnen Mitbringsel für ihr Gehege gesammelt habe. Sie trampeln einfach darauf herum oder setzen sich zum Sonnen und Wärmen auf die flachen Steine, egal, ob die aus Aschau, Starigrad, Torno, St. Magarethen, Porto Istana, Medulin oder sonst woher stammen.

Steine sammeln – Steine zerstreuen? Kann ich!

Selbstverständlich nicht in Naturparks, Naturschutzgebieten und schon gar nicht in archäologisch relevantem Gelände wie Ausgrabungsstätten. Aber das versteht sich ja von selbst.

Aber mal ehrlich: Wenn man am Fuß des kroatischen Velebitgebirges steht, überall wunderbare Kalksteinbrocken herumliegen und einen förmlich anflehen, mitgenommen zu werden, wer kann da schon widerstehen? Immerhin kann ich mir jetzt auch etwas darauf einbilden, Steine von den Drehorten der berühmten Karl-May-Filme im Gehege liegen zu haben. Einige wenige und nicht ganz so große. Aber echte. Und das zählt.

Auch wenn meine Schildkröten daheim das wohl kaum zu würdigen wissen, über Steine zu laufen, die einst unter den Mokassins von Winnetou und Old Shatterhand gelegen haben könnten. Aber mal ehrlich: Eigentlich könnten sie sich ja auch mal bedanken für die ganze Mühe, die man mit ihnen hat …

10

IN SCHALE

Eierschalen, so heißt es nach wie vor unter Schildkrötenhaltern, seien eine gute und notwendige Nahrungsergänzung, um die Tiere mit dem notwendigen Calcium zu versorgen.

Erst langsam dringt eine neue Sicht auf die Dinge vor, dass dem vielleicht gar nicht so ist. Vor allem die jüngere Generation der Tierärzte wirft die Frage auf, ob Schalen von Hühnereiern überhaupt dazu geeignet sind. Können Schildkröten das Calcium überhaupt aus der Schalenstruktur herauslösen? Sie verweisen dabei auf Schalenreste, die sie im Schildkrötenkot gefunden haben, und auch auf die extrem langsame Kompostierung von Eierschalen.

Dessen ungeachtet landen Tonnen von Hühnereierschalen in den Schildkrötengehegen. Bei mir ist das nicht anders.

Ich bin schon lange nicht mehr davon überzeugt, dass meine Schildkröten ihren Calciumbedarf durch Eierschalen decken, ich sehe sie auch fast nie an den Schalen knabbern. Hingegen verschwinden in großem Tempo Stücke vom Sepiaschulp, also den knochigen Auftriebskörpern der Tintenfische. Schulp sammle ich aus diesem Grund bei jedem Urlaub am Meer direkt am Strand. Und so häufen sich während der Ferien Schulpstücke, die ich zum Trocknen in die Sonne lege, in irgendeiner Ecke auf der Terrasse unseres Ferienhauses.

Oft sehe ich unsere Schildkröten auch an Rinderknochenstücken nagen, doch davon später.

Trotzdem werfe ich nach wie vor jede verfügbare Eierschale, die in unserem Haus anfällt, in das Schildkrötengehege. Bisher war ich der Ansicht: Es schadet ja nicht. Und wenn es nicht den Tieren zu Gute kommt, dann vielleicht dem Boden. Aber auch das ist, wie gesagt, fraglich. Eierschalen lassen sich noch sehr lange im Gartenkompost identifizieren, ein deutliches Indiz dafür, dass nicht nur die Mikroorganismen im Darm meiner Tiere, sondern auch die Mikroorganismen im Erdreich ihre liebe Not mit dem kristallinen Calciumcarbonat der Schalen haben. Allein: Ich bringe es nicht übers Herz, die

Schalen einfach in den Biomüll zu werfen. Und seit ich weiß, dass der Großteil unseres Biomülls nicht mehr kompostiert wird, sondern in die Biogasanlagen wandert, frage ich mich erst recht, was Eierschalen dort zu suchen haben und zu was sie dort nütze sind. Zu gar nichts. Eben. Dann doch lieber die Schalen ins Gehege. Manchmal werfe ich sie in großen Stücken hinein und zerreibe sie mit der Schuhspitze, wenn zum Beispiel Eier aufgeschlagen wurden. Zerbröselt, wie die Schale dann ist, wird schon irgendwie das eine oder andere Calcium-Ion im Erdreich landen oder sogar in der Schildkröte. Und wenn nicht, dann eben nicht.

Ein Blick in die blaue Schüssel, die in unserer Küche steht, in der wir den Biomüll sammeln, bevor er draußen in die Tonne wandert, und Gewitterwolken ziehen auf meiner Stirn auf: Wie kann das sein? Da liegen ja Eierschalen drin … Wer hat die denn schon wieder in den Müll geworfen? Hatte ich nicht unmissverständlich klar gemacht, dass Eierschalen grundsätzlich und *immer* – und wenn ich sage immer, dann meine ich auch *immer* – für die Schildkröten aufgehoben werden?

Nun gibt es im Internet zahlreiche sich wiederholende Diskussionen darüber, wie man denn bitteschön die Eierschalen ins Gehege zu werfen habe. Abgekocht oder nicht, zerbröselt, zermahlen, mit oder ohne Eihaut, mit oder ohne Stempel. Für alles gibt es gute Gründe … und für das Meiste gibt es auch gute Gründe dagegen.

Die Eihaut entferne ich, denn ich denke, dass dieses keratinhaltige Eiweiß die Eierschale noch zusätzlich vor der Zersetzung schützt. Keratin ist zudem – außer für Motten – kaum bis gar nicht verdaubar, sollte ein Stück der Schale gefressen werden. Also runter damit, zumindest so gut, wie es geht. Bleibt etwas Eihaut an der Schale zurück, stört mich das allerdings auch nicht.

Um das Ganze in einigermaßen zivilen Umgangsformen zu gestalten, steht am Wochenende bei uns daheim auf dem Frühstückstisch immer ein weiteres kleines, buntes Plastikschälchen dafür bereit – und wehe, jemand denkt, er könne einen Teebeutel, ein Stück Käserinde oder Wurstpelle da hinein tun. Das ist doch kein Tischmülleimer.

Seit Jahren wiederholt sich samstags und sonntags das gleiche Ritual. Kaum, dass die Frühstückseier gegessen sind, sammle ich die Schalen von allen ein. Und dann wird die Eihaut Stück für Stück von der Schale abgezogen.

Die Schalenstückchen landen in der besagten, kleinen Schale, die Eihaut auf meinem Teller und diese anschließend im Müll. Die Schalenstücke werden mit den Fingern noch klein gedrückt, bis die Bruchstücke kaum größer als ein oder zwei Millimeter sind. Eine Zeit lang habe ich dafür einen speziellen Keramikmörser mit Stößel verwendet, aber das wurde mir mit der Zeit zu aufwendig.

Noch während des Frühstücks leere ich die Schüssel im Gehege aus, während aus der Maschine ein frischer, zweiter Kaffee herausläuft. Dann geht das Frühstück weiter. Menschen brauchen ihre ritualisierten Abläufe. Dann ist alles gut.

Mal werfe ich die Schalen auf die Steinfläche, mal auf den Erdboden, mal hierhin, mal dorthin. Und so verteilen sich die kleinen Eierschalenpartikel relativ gleichmäßig zwischen Steinen und Frühbeet, Gehegepflanzen und Trinkschalen … was immer dann mit ihnen geschehen mag. Denn irgendwie habe ich das Gefühl, dass trotz jahrelanger Eierschalenbruchstückverteilung von selbigen nach kurzer Zeit kaum mehr was zu sehen ist.

Es hat eben alles seine gute Tradition. Und die ist so gut, dass ich bisweilen gedankenverloren und völlig mechanisch an den Eierschalen herumknibble und die Haut abziehe. So geschehen ist das zum Beispiel vor einigen Jahren auf einer Geschäftsreise in Berlin:

Meine Kollegin und ich sitzen uns morgens beim Frühstück gegenüber – beide in Schale angesichts der anstehenden Geschäftstermine. Wortkarg nehmen wir unser Frühstück zu uns. Ich bin um diese Uhrzeit nicht zu intensiven Gesprächen in der Lage und im geschäftlichen Umfeld reduziert sich die Themenvielfalt noch mal um einiges. Gedankenversunken pelle ich mein Frühstücksei. Dann fange ich an, die Eierschalen von der Eihaut zu befreien. Die Haut landet auf dem Teller, die Schalenstückchen auf dem Unterteller der Kaffeetasse. Es steht eben kein buntes Schüsselchen bereit. Das Ganze geht völlig automatisch und geistesabwesend.

Meine Kollegin scheint mir eine Weile aufmerksam zugesehen zu haben, sagt aber zunächst nichts.

Dann aber platzt es aus ihr heraus. „Was machst Du da eigentlich?“, fragt sie irritiert und in diesem Moment registriere ich erst, dass ich gar nicht zu Hause am Frühstückstisch sitze, sondern in einem Hotel in Berlin.

Und ich registriere, dass sie keine Ahnung von Schildkrötenhaltung hat … sonst wüsste sie das.

11

PFEIL UND BOGEN

Als ich Schildkrötendame Luise übernahm, schrieb ich einen freundlichen Brief an unser Landratsamt, an die Abteilung Naturschutz, meldete das Tier an und legte Kopien der Fotodokumentation und der EU-Bescheinigung bei. Bei streng geschützten Tierarten besteht bekanntlich eine entsprechende Verpflichtung.

Ein paar Tage später erhielt ich Post vom Amt. Man nehme jetzt diese formlose Bestandsänderungsmeldung entgegen, in Zukunft aber möge ich doch bitte das neue Formular benutzen. Selbiges sei auf der Internetseite des Landkreises zu finden – es folgte eine Beschreibung, wo genau dieses Dokument zu finden, anschließend auszufüllen und auszudrucken sei. Das Ganze möge man doch bitte unterschreiben und abschicken, natürlich mit Kopien der notwendigen Bescheinigungen. Nun gut. Formlos wäre einfacher und schneller.

Bemerkenswert fand ich allerdings den Hinweis in der Korrespondenz, ich möge das nächste Mal …

Das nächste Mal.

Die kennen mich. Daher wissen sie wohl, dass sich in meinem Schildkrötenbestand öfter mal was ändert. Auch wenn ich immer wieder sage: „Nicht noch eine Schildkröte“, vermehren sie sich wie von selbst. Ich muss nicht mal züchten und trotzdem steigt der Bestand langsam an. Es kommen Tiere hinzu, andere gebe ich notgedrungen ab. Es ist auch schon vorgekommen, dass ich Tiere übernommen habe mit der festen Absicht, diese weiterzuvermitteln. Das geschah dann zwar relativ schnell, trotzdem wurden all diese Bestandsänderungen angezeigt. Wie es sich eben gehört; bisher allerdings formlos. Ich gelobe Besserung.

Wesentlich einfacher habe ich es mit meinen Pfeilgiftfröschen, die ich ebenfalls mit großer Begeisterung halte und gelegentlich nachzüchte. Hier reicht der einfache Herkunftsnachweis, den der Züchter, beziehungsweise der Verkäufer, ausstellt. Nun ist das mit diesen Tieren so eine Sache, seit der Schreckliche Pfeilgiftfrosch auf die Liste der Gefahrtiere in Hessen geraten ist. Und zwar ganz ohne

sein Zutun, denn es liegt nicht ein einziger Nachweis einer Vergiftung durch dieses Tier vor. Ohnehin entwickeln diese Frösche ihr Gift aus ihrer Nahrung heraus. Heimische Nachzuchten, die mit Blattläusen, Fruchtfliegen, weißen Asseln, Springschwänzen und ähnlichem gefüttert werden, sind gänzlich ungiftig.
Das hat mich allerdings nicht abgehalten, vor der Anschaffung mal beim Ordnungsamt anzurufen und nachzufragen, wie man es denn in unserem Dorf mit Gefahrtieren hält. Es gibt in Bayern keine Liste, das regelt jede Kommune selbst, in diesem Fall also die Verwaltungsgemeinschaft unseres Ortes und des Nachbardorfs.
Das Telefonat eröffnete ich mit der Frage, ob es denn überhaupt eine Verordnung gäbe, oder vielleicht sogar eine Liste gefährlicher Tiere, die zu halten bei uns verboten sind.
„Nein", erklärte mir der Amtmann. „Wir haben keine solche Liste. Wir orientieren uns an der Liste von München."
Die hatte ich schon im Netz gesehen und in Erfahrung gebracht, welche Tiere von Privatpersonen in der bayerischen Landeshauptstadt nicht gehalten werden dürfen. Die Liste ist online abrufbar und enthält unter anderem Walrösser, Killerwale, Elefanten, Großbären, Giraffen, Nashörner, Flusspferde und Bisons. Auf Seiten der Reptilien sind es vor allem Gift- und diverse Riesenschlangen, Krokodile, Krustenechsen und diverse Warane, die unter das Haltungsverbot fallen. Geier-, Alligator- und Schnappschildkröten stehen natürlich auch auf der Liste.
Dazu kommen merkwürdige Fische wie der Petermännchen, Himmelsgucker und Kaninchenfisch, aber auch Haie, Muränen, Rochen und Zitteraale.
Und wie nicht anders zu erwarten fallen zahlreiche giftige Spinnen, Kegelschnecken und Skorpione unter das Haltungsverbot. Besonders tut es mir in der Liste der sogenannte und der sicherlich höchst charmante Kleine, Blaugeringelte Krake an und ich nehme mir vor, mir bei nächster Gelegenheit im Internet Bilder dieses vermutlich höchst possierlichen Tierchens anzusehen.
Von Amphibien ist allerdings nichts zu lesen.
Bevor ich dazu komme nachzufragen, erhalte ich die Gegenfrage: „Welche Tiere wollen Sie denn halten?"
„Dendrobaten", antworte ich und bin sicher, dass der gute Mann keine Ahnung hat, wovon ich rede.
„Wie heißen die denn auf Deutsch?", erkundigt er sich. „Pfeilgiftfrösche."

Ein lang gezogenes „Aha", gefolgt von einem „Interessant" macht mir deutlich, dass der Beamte, während er mit mir telefoniert, das Internet bemüht. Seine Tastatur klappert verräterisch laut. Derweil erkläre ich ihm, dass ich gerade ein Terrarium für die Tiere einrichte und mich vorher kundig machen möchte, bevor ich mir welche anschaffe. Aber ich weiß schon jetzt, dass das nicht nötig gewesen wäre.

Den Mann interessieren offensichtlich nur Hunde, von denen eine potentielle Gefahr für die Nachbarn ausgehen könnte.
„Sind die denn gefährlich?“, fragt er und ich verneine.
„Und wenn die mal aus dem Terrarium herauskommen?“
„Dann werden die sicher ganz schnell vertrocknen, wenn sie nicht vorher jemand gefunden hat … oder aus Versehen drauf tritt. Die sind ja winzig klein. So drei bis vier Zentimeter vielleicht.“

Mittlerweile hat er wohl im Internet einige Informationen über Pfeilgiftfrösche gefunden.
„Und sind die wirklich giftig?“
Die Frage finde ich lustig. Es hängt also theoretisch von meiner Antwort ab, ob der Beamte jetzt ein Problem in der Haltung sieht oder nicht.
Also erkläre ich ihm, dass es Arten gibt, die grundsätzlich nicht giftig sind, und dass die in der Natur giftigen Arten bei heimischer Nachzucht auch nicht gefährlich sind.
Die nächste Frage aber wirft mich fast vom Stuhl. Ich weiß, dass das nicht fair ist, ein Verwaltungsfachangestellter ist kein Biologe, im Ordnungsamt schon gleich zweimal nicht.
„Wie muss ich mir das denn vorstellen mit den Pfeilgiftfröschen? Schießen die dann so kleine Giftpfeile auf ihr Opfer?“
Ruhig atme ich und unterdrücke einen Lachanfall. Dann erkläre ich ihm, woher die Tiere eigentlich ihren Namen haben und schaue, dass ich das Gespräch schnell

beende. Vor meinem geistigen Auge allerdings sehe ich kleine bunte Frösche in Lauerstellung. Sie haben die Pfeile schon im Bogen, andere im Blasrohr.

Und wenn dann die Hand des Halters in das Terrarium greift, vielleicht um Futter zu bringen, dann – zack – surrt ein winzig kleiner giftiger Pfeil in den Handrücken. Ich werde wohl Handschuhe anziehen müssen, wenn ich die Tiere habe. Oder ich werde den Fröschen einfach auf die winzig kleinen Pfeile in ihren Köchern noch kleinere Gummisaugnäpfe basteln. Dann können sie schießen so viel sie wollen.
Vielleicht lasse ich es gleich ganz mit den Giftfröschen und bleibe bei meinen Schildkröten. Die tun einem wenigstens nichts. Die wollen nicht mal spielen. Oder ich frage, ob ich im Vorgarten ein paar Bisons ansiedeln darf. Da kann er gleich ein glasklares „Nein!“ antworten. Zu Recht sind diese in München verboten. Wir sind schließlich hier im Süden und nicht im Wilden Westen.

12

FOURAGIEREN FÜR ANFÄNGER

Auf dem Weg in den Sommerurlaub vermeiden wir den Münchner Autobahnring. Dort ist wieder mal ein tierischer Stau. Wie immer.
Stattdessen fahren wir Richtung Osten durchs oberbayerische Hinterland, nutzen Umgehungen und Schleichwege, und sparen uns nicht nur zahlreiche Kilometer Strecke, sondern auch, uns stundenlang im Stop-and-go erst über den Autobahnring und dann über den Irschenberg zu quälen, und stoßen dann doch im Chiemgau auf die Urlauberroute über Salzburg und die Tauern nach Süden.
Ich liebe Schleichwege. Und besonders dann, wenn im Verkehrsfunk die Staumeldungen immer länger werden, ich freie Fahrt habe und mich daran freue, dass ich zum einen nicht in der Schlange vor der Baustelle stehe und zum anderen auch weitere Umfahrungen im Hinterkopf habe. Aber das ist eine andere Geschichte.
Gleich das Nachbardorf umfahren wir, indem wir noch vor der Ortstafel scharf rechts abbiegen, dann ein paar Kilometer der Straße zwischen Feldern und Wiesen folgen, bevor es zurück auf die Kreisstraße geht. Das kennen nur Ortsansässige.

Damit umgehen wir nicht nur eine sehr enge S-Kurve, durch die man nur langsam fahren kann, wenn man nicht mit dem Gegenverkehr kollidieren will. Wir ersparen uns auch den Halt an einer vorfahrtberechtigten Straße und das anschließende Anfahren am steilen Berg. Klar, dass wir das können. Anfahren am Berg ist echt keine Kunst. Aber der Fahrer vor uns, kann der das auch? Oder würgt er sein Auto ab und es geht nicht weiter? Es wäre nicht das erste Mal.
Als wir also scharf rechts abgebogen sind und den geteerten Feldweg zwischen ein paar Bauernhäusern hindurch nehmen, sehe ich vor uns links am Straßenrand einen Motorroller stehen. Zwei Menschen laufen über die daneben liegende, saftig grüne Wiese: Offensichtlich ist es ein Paar. Beide halten Plastiktüten in der Hand, beide bücken sich, rupfen Pflanzen aus und lassen diese in den Tüten verschwinden.

„Die holen bestimmt Hasenfutter", kommentiert meine Frau das Treiben, das sie auch gesehen hat.

Das erinnert uns an die Zeit, als wir noch Kaninchen im Garten hatten und spätestens alle zwei Tage los mussten, um Grünfutter heranzuschaffen. Nicht selten gab es kleine Diskussionen in der Familie, wer denn dieses Mal mit großer Tüte und Gartenhandschuhen ausgestattet losmarschieren sollte.

Irgendwann hatte ich es mir dann mal vorgenommen, immer eine Tüte und ein paar Handschuhe im Kofferraum liegen zu haben. Man weiß ja nie, wo man plötzlich Futter sieht und welches mitnehmen kann. Und man glaubt ja nicht, welche Mengen Kaninchen verdrücken können.

„Oder es ist für Schildkröten", entgegne ich, obwohl ich das eher für unwahrscheinlich halte. Mit den Mengen an Futter, die das Paar mittlerweile zusammen hat, könnte ich Dutzende von Tieren versorgen. Mein Tunnelblick für Schildkrötenfutter ist mittlerweile sehr gut ausgeprägt. Jeder Schildkrötenhalter kennt wohl diese geheimen Futterplätze: Wiesen, unbebaute Grundstücke voller Mohn, Königskerzen und Disteln, Waldlichtungen und vieles mehr.

Denn vor allem in sehr heißen Sommern ist das, was an Futterpflanzen im Gehege wächst, irgendwann zusammengefressen. Auch das Unkraut im Garten hält sich in Grenzen. Es reicht zumindest nicht, um meine gierige Schildkrötenbande zu versorgen. Denn je heißer es wird, umso agiler und hungriger werden die, andererseits kommt umso weniger Grünzeug aus dem Boden. Sind auch die Nachbargärten abgeerntet, dann muss ich eben Futter herbeischaffen. Also Fouragieren.

„Sie fouragieren ...", geht mir durch den Kopf, als wir an den beiden vorbeifahren. Bündelweise reißen sie Löwenzahn aus der Wiese. Den Bauern, der hier Futter für seine Kühe anbaut, wird's freuen.

Ich mag dieses fürchterlich altmodische Wort vom fouragieren, das heute kaum noch einer kennt:

Dabei war Fouragieren sicherlich kein Spaß. Und zwar für keinen der Beteiligten. Als in den vergangenen Jahrhunderten die Heere überwiegend aus Söldnern und zwangsrekrutierten Soldaten bestand, war der Sold knapp. Vor allem die Kavallerie musste sich zudem selbstständig darum kümmern, den Pferden Futter zu beschaffen: Heu, Hafer, Stroh. Das geschah natürlich nicht, in dem die Kavalleristen das Pferdefutter bei den Bauern in den Gebieten, durch die sie zogen, von ihrem kargen Sold kauften. Sie nahmen sich einfach, was sie brauchten. Sie raubten und stahlen, plünderten und brandschatzten. Nicht nur die Kavalleristen.

Kriegsknechte, Söldner und Soldaten fielen in Dörfern und Städten ein, und beschafften sich ihre Verpflegung – und gern auch mehr – nicht selten mit Waffengewalt. Sie fouragierten mit Billigung ihrer Obristen.

Heute wird dieser altmodische Begriff nur noch in der Biologie noch immer verwandt: Es beschreibt das Heranschaffen von Nahrungsmitteln durch die Arbeiterinnen bei staatenbildenden Insekten. Beschränkt man sich auf die Definition der Biologen, dann gehören viele Schildkrötenhalter auch zu den fouragierenden Arbeitern und Arbeiterinnen, denn auch wir schaffen Futter heran. Und das nicht selten in rauen Mengen.

Ich zähle mich natürlich selbst auch dazu, denn ich habe auch meine bevorzugten Plätze, an denen ich Schildkrötenfutter organisiere, wenn das Gehege selbst nicht genug hergibt.

Schräg gegenüber von unserem Haus bediene ich mich gern auf einem freien, unbebauten Grundstück. Von dort schleppe ich regelmäßig Löwenzahn, Klee, Spitz- und Breitwegerich, Zaunwinde und andere Kräuter heim.

Als ich mit Gartenhandschuhen und gefüllter großer Plastikschüssel von der Wiese zurück auf den Gehweg komme, spricht mich ein älterer Mann aus unserem Dorf an.

„Ah … Hasenfutter?", kommentiert fachmännisch ein älterer Mann, nachdem er mein Treiben beobachtet hat.

Aber da irrt er.

„Nein, das ist für unsere Schildkröten", erwidere ich kurz, denn ich habe es an diesem Morgen eilig. Die Büropflicht ruft und ich habe vorher noch reichlich zu tun.

Ob es denn nicht einfacher wäre, die Schildkröte zur Wiese zu tragen, fragt der Mann, der offenbar auf etwas Geplauder erpicht ist.

„Leider nicht, es sind zu viele", antworte ich. „Außerdem müsste irgendwer bei ihnen bleiben und sie permanent beobachten."

Er schaut mich etwas ungläubig an. „Na ja, sonst machen sie sich ja gleich auf und davon. Entgegen der allgemeinen Meinung sind Schildkröten bei warmen Wetter nämlich ganz schön fix … Und dann sind sie plötzlich auf der Straße und kommen vielleicht unters Auto."

„Dann musst halt ein Loch in den Panzer bohren und sie festbinden", rät er mir nicht ohne den Hinweis, dass man das früher doch auch immer so gemacht habe.

„Praktisch war das", will er mir einen klugen Rat geben. Das ist nicht böse gemeint. Der Mann weiß es einfach nicht besser.

„Das macht man schon lange nicht mehr", korrigiere ich und verabschiede mich, um das gepflückte Grünzeug nach Hause zu bringen. Ich verzichte darauf, ihm zu erklären, dass der Panzer anders als ein Kuhhorn nicht nur totes Horn ist, sondern von Blutbahnen durchzogen ist. Und dass das Durchbohren für das Tier nicht nur schmerzhaft ist, sondern auch Infektionsgefahren birgt.

Aber keine Ahnung zu haben hat die Menschen noch nie abgehalten, Anderen gute Ratschläge zu geben.

Was ich nicht im Dorf hole, bringe ich von der Arbeit mit: Wie gut, dass in der Nähe unseres Büros ein kleiner Spielplatz ist. Direkt daneben liegt eine Wiese, auf der Klee, Wegerich und Löwenzahn

wachsen. Gemäht wird eher selten und Hunde scheinen auf dem Spielplatz tabu – erstaunlicherweise hält sich auch jeder daran, was wohl eher daran liegt, dass dieser Spielplatz von überhaupt niemandem genutzt wird, außer von ein paar Büromenschen in den Mittagspausen, die dann die Bänke im Sommer in Beschlag nehmen. Anwohner mit spielenden Kindern jedenfalls habe ich dort noch nie gesehen. Da kann ich ja gleich Grünzeug einsäckeln. Mir doch egal, was die anderen, die da sitzen und ihre Sandwiches verspeisen, von mir denken.

Und dann gibt es noch auf dem Heimweg durch den Perlacher Forst südlich von München einen Wanderparkplatz. Von dort aus kommt man auch zu einer kleinen Wiese. Die ist kühl, feucht, nur wenig von der Sonne beschienen. Manchmal wächst dort Löwenzahn zu einer solchen Größe heran, dass man mit nur vier oder fünf Pflanzen eine Tüte füllt. Ein Halt dort ist immer sehr ergiebig – wenn eben nicht gerade gemäht wurde. So etwas passiert meistens genau an dem Tag, an dem ich Plastiktüte und Handschuhe im Beifahrer-Fußraum im Auto liegen habe. Denn natürlich ist es bei dem Vorhaben geblieben. Denke ich also daran, eine Tüte und Handschuhe mitzunehmen, ist morgens beim Vorbeifahren alles noch grün. Aber die Zeit drängt, Futterbeschaffung wird auf den Abend verschoben. Bei der Heimfahrt habe ich ja genug Zeit. Nur ist merkwürdigerweise abends alles frisch gemäht. Dumm gelaufen.

Aber es gibt es ja bei uns hinter dem Fußballplatz noch Futter, und am Weiher an der Böschung und … und … und …

Wenn nicht auch dort gerade erst gemäht wurde. Fast kommt es mir in manchen Sommern so vor, als gäbe es eine große Verschwörung: Alle mähen gleichzeitig und ich schaue in die Röhre bzw. in die leere Plastiktüte.

Aber da ist ja noch am Spielplatz am Büro die Wiese …

Die wird doch nicht … die wird doch nie. Doch. Sie wurde.

Ich werde anderswo fouragieren müssen. Natürlich ohne zu plündern und zu brandschatzen – wir leben ja nicht mehr in der Zeit des Dreißigjährigen Krieges.

13

NUR KEIN NIPPES

Es ist Sommer, gerade erst haben die Ferien begonnen.

Die Sonne sticht vom Himmel, entspannt und neugierig flanieren die Menschen zwischen Verzehr- und Verkaufsständen umher. Es ist eng, aber das stört niemanden. Von der einen Seite weht einem der Duft frischer Baumstrietzel, von der anderen der Geruch frisch gegrillter Würste in die Nase.

Ein paar Schritte weiter riecht es nach Duftseifen, an der nächsten Ecke nach Räucherstäbchen. Menschen drängen sich in die Biergärten vor den Musikbühnen, Händler bieten alles Erdenkliche an: Kunsthandwerk und fernöstliche Massenware, handgefertigte Kosmetika und Selbstgebatiktes. Wir flanieren über eines der Sommerfestivals, wie sie in vielen Städten gastieren, zumeist mit

fantasievollen Namen belegt. Wie überall strömen die Besucher in Scharen und genießen die Mischung aus Markt und Event, aus Angeboten für Augen, Ohren, den Gaumen und den Geldbeutel …

Es hängt eine ganz eigene Stimmung über ihnen, ein Hauch von Woodstock und Goa, etwas Kreolisches und Indonesisches, ein wenig alternativ, ein wenig esoterisch und ein wenig nostalgisch. Man bummelt zwischen Traumfängern und Balifahnen, zwischen Zopfflechterinnen und Handlesern, zwischen Bodypainting und Outback-Garderobe.

Zumeist fahren wir mindestens drei Mal auf das *Sinnflut*, so nennt sich die hiesige Variante. Beim ersten Rundgang entlang der Verkaufsstände drängt uns die Neugier. Was gibt es Spannendes in diesem Jahr? Was könnten wir kaufen, um

mit einem aus fremden Kulturen stammenden, zumeist industriellen Massenprodukt zu versuchen, die eigene Individualität zu unterstreichen?
Der zweite Besuch läuft entspannter ab als der erste. Wir haben gesehen, was wir sehen wollten, sind zwar einigermaßen unbefriedigt, immer noch nichts gekauft zu haben, aber die Biergärten und Verzehrstände luden zum Verweilen ein – und eigentlich trifft man ja immer jemanden, den man kennt.
Bleibt der dritte Besuch, der eigentlich schon einer zu viel ist – denn es gibt nun wirklich nichts mehr zu entdecken. Warum noch einmal ein paar Runden drehen?

Und doch fahren wir noch einmal hin. Es ist die letzte Chance, doch noch etwas zu kaufen, wer weiß, ob der Anbieter im nächsten Jahr wieder kommen wird? Klar wird er das, aber das zählt nicht ...
In diesem Jahr kam ich, während ich aus Spaß australische Hüte anprobierte und von einem Freund lachend und lästernd als „Turtle Dundee" tituliert wurde, auf die Idee, beim Abschlussbesuch eine Kamera mitzunehmen und jede nur auffindbare Schildkröte an den Verkaufsständen zu fotografieren.

Die Aufgabe gestaltet sich als spannend und schwierig zugleich. Ich kann mir vorstellen, dass die Händler nicht begeistert sind, wenn ich ihre Stände und ihre Ware fotografiere. Vor allem diejenigen, die selbst gefertigte Produkte anbieten, könnten, so denke ich, ziemlich unentspannt reagieren. Da ist es dann nicht weit her mit dem beschworenen Woodstock-„Peace"-Feeling.
Auf eine Grundsatzdiskussion, die vermutlich dann startet, wenn ich um Erlaubnis frage, lege ich auch keinen Wert. Bleibt die heimliche Fotografie mit einer möglichst kleinen Kamera. Ein wenig fühle ich mich wie ein (Industrie-) Spion, während ich um die Stände schleiche, günstige Augenblicke abwarte oder einfach so tue, als fotografiere ich meine Familie. Das ist eine unbegründete Sorge, wie ich nach den ersten zehn Minuten feststelle. Die meisten Verkäufer nehmen gar nicht wahr, dass ich unentwegt Bilder von ihrem Sortiment mache.
Stattdessen entdecken wir mehr und mehr Schildkröten in immer bizarreren Formen, Farben, Werkstoffen und Größen.
Und ist es nicht erstaunlich? Gerade die in der Beliebtheitsskala bei lebenden Tieren weit unten angesiedelten Schlangen, Echsen, Frösche, Spinnen, Schnecken, Käfer etc. dominieren hier den Markt. Aber das alles ist nichts im Vergleich zur Schildkröte. Sie ist durchkommerzialisiert wie kein anderes Tier.
Die einzige Schildkrötenart, bei der es mir nicht gelingt sie zu fotografieren, ist die Allerkleinste – kaum einen Zentimeter groß, zumeist silbern und als Ohrschmuck gedacht. Mit ihren lebenden Artgenossen hat sie wenig gemein, aber eine Übereinstimmung finde ich doch: beide sind für Allergiker geeignet.

Ihre nächst größeren Verwandten unter den Schmuckschildkröten sind die Kettenanhänger. Ich entdecke Unterarten aus Kokosholz, diversen Halbedelsteinen oder Silber, mit Flossen oder Füßen – ganz nach dem persönlichen Geschmack der Kunden. Ist der Halsschmuck einigermaßen flach, so ist der Panzer der asiatischen Steinschildkröte gewölbt wie ein Vogelei. Hart sind sie, aber nicht höckerig. Glatt sind sie wie ein Schmeichelstein eben sein sollte und von nicht endender Gelassenheit. Das haben sie mit den aus gleichem Material angefertigten, ewig in sich hinein lächelnden Buddhas gemein, mit denen sie ihre Auslagefläche teilen. Sie sind fast schwarz und damit das krasse Gegenteil der Sandschildkröten, die es einen Stand weiter zum gleichen Preis gibt.

Sandtiere sind die Lieblinge der jüngeren Festivalbesucher. Trauben von Kindern bilden sich um die Auslagen der bunt schillernden Stofftiere, von denen jedes einen Carapax in schrill bunter Farbe hat. Hier beweist sich wieder Evolution. Die Signalfarbe lockt die Beutegreifer an: patschige Kinderhände, die die Sandschildkröte nicht mehr loslassen. Mit Hilfe ausgeklügelter Kommunikation macht der Nachwuchs den Eltern dann auch klar, dass die Beute bei den Kindern zu bleiben hat. Je nachdem wie groß der Widerstand ist, reicht es vom schmeichlerischen Betteln über nörgeliges Quengeln bis zum ohrenbetäubenden Gebrüll. Ich kenne das aus eigener Erfahrung – auch bei uns haben diverse Sandtiere Einzug in die Kinderzimmer gehalten.

Wie groß allerdings diese Stoffschildkröten werden können, entdeckte ich eine halbe Stunde später. An einem anderen Stand hängt ein riesiges Exemplar von mindestens 50 Zentimetern Stockmaßlänge an der Wand. Groß wie ein Sofakissen ist es und vermutlich auch als solches gedacht. Das ist mir dann doch zu gewaltig.

Ohnehin frage ich mich, wie ein so großes Exemplar mit einem so weichen Panzer auf Dauer überleben kann, noch dazu, wenn es unter der permanenten Gefahr stehen wird, platt gesessen zu werden.

Im wahrsten Sinne des Wortes kann man über die rund zehn Zentimeter großen Eisenschildkröten stolpern, die ein

Verkäufer schräg gegenüber direkt auf den rauen Asphalt platziert hat. Zwar besteht wohl wenig Gefahr sie platt zu treten, ob es aber im Sinne aktiven Verkaufs ist, sie auf Fußhöhe zu präsentieren, wage ich zu bezweifeln.

Entdeckt haben wir sie aber trotzdem – vielleicht weil Halter echter Schildkröten gewohnt sind, den Fußboden mit Blicken abzusuchen, bevor man seinen Fuß irgendwohin setzt.

Die tönernen und hölzernen Exemplare gibt es in allen Größen und Farben: Mit Mosaikverzierung und ohne, kitschig, dass man fast Mitleid bekommt. Die einen sind flach und an Windspielen aufgehängt. Wieder andere Exemplare sind stilisierte, kleine Serviertabletts. Andere sind dazu gemacht, Musik auf ihnen zu spielen. Ein besonders großes Tier, das es auf deutlich einen halben Meter bringt, hat einen so dünnen Rückenpanzer, dass es im wahrsten Sinne des Wortes aus ihr herausleuchtet. Kugelrunde, erleuchtende Schildkröten gibt es auch aus Palmholz. Wer wünschte sich nicht, dass einem da ein Licht aufgehe?

Am Ende entdecke ich noch besonders schwere, silberne Exemplare. Sie sollen mit Hilfe eines breiten Lederriemens die Hosen ihrer Träger auf korrekter Höhe halten – es ist das seltene Exemplar einer Schnallenschildkröte, das neben weitaus häufiger anzutreffenden Schnallenschlangen, Schnallenkäfern und sonstigem Gürtelgetier zum Verkauf angeboten wird.

Stammen die einen aus der Massenfertigung, sind andere wieder sehr individuell und liebevoll hergestellt. Ein Händler bietet importierte Schildkröten aus Draht und Glasperlen an – selbstverständlich sind sie zertifiziert und der Verkaufserlös wird einem guten Zweck in Kenia zugeführt. Ein Blickfang sind sie zweifelsohne, kann man da noch nein sagen? Ja, ich kann …

Wer mit den 3D-Varianten nicht glücklich wird, findet Schildkröten auch zweidimensional. Es gibt sie auf australisch anmutenden Saugnapfwarnschildern oder auf Werbeblechkarten. Schildkröten sind einfach überall.

Nach gut einer Stunde mag ich nicht mehr. Ich habe genug von diesem Sammelsurium gesehen – jede dieser Zierschildkröten ist für sich genommen sicher ganz reizend. Aber in dieser Bündelung wird es dann doch etwas viel. Ich stecke die Kamera ein und sehne mich nach den echten

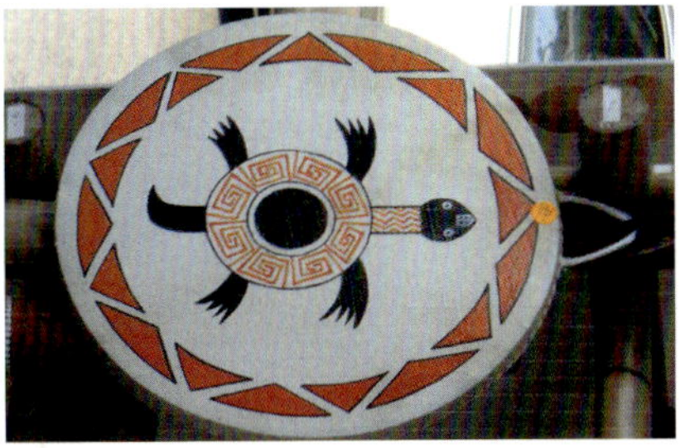

Schildkröten aus Fleisch und Blut – denen im heimischen Garten.

Gekauft habe ich kein einziges Exemplar, nicht einmal geschenkt möchte ich sie. Ich weiß, andere können nicht genug davon bekommen. Sie sammeln alles, was vier Beine und einen Rücken- und Bauchpanzer hat. Das ist auch gut so. Irgendjemand muss ja Abnehmer dieser gepanzerten Heerscharen sein. Nur ich bin das eben nicht. Ich will sie nicht und ich brauche sie nicht … auch nicht zu Weihnachten.

Auf dem Heimweg vom *Sinnflut*-Festival beschleicht mich eine Sorge. Für die Terrasse haben wir einen neuen kleinen Tisch gekauft – mit einer handgefertigten Mosaikplatte und vier Füßen. Sieht er am Ende vielleicht auch ein wenig aus wie eine Schildkröte? Und dann ist da noch die hölzerne Kröte, die so lustige Töne von sich gibt, wenn man mit einem Stab über den Rücken streicht.

Wo stell ich die denn hin? Ach ja, die passt doch so wunderbar vor die ganzen Terrarienbücher oder den großen geschnitzten Leguan auf unserem Fensterbrett.

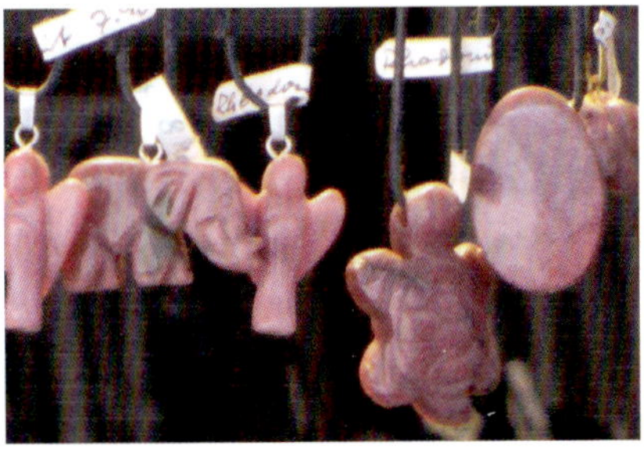

14

HALLO TAXİ

Angie wohnt in Dachau. Hans-Dieter in Nordrhein-Westfalen, auf dem halben Weg liegt Landau. Und da fahre ich hin. Angie nicht, aber Hans-Dieter fährt auch nach Landau. Wir treffen uns auf der Schildkrötentagung.

In der Tat, so etwas gibt es: Tagungen, an denen sich interessierte Halter einen Vortrag nach dem anderen über Schildkrötenhaltung und Nachzucht, Erkrankungen und Ernährung, Reise in die Ursprungsländer und sonstiges Wissenswertes anhören. Das geht manchmal sogar über mehrere Tage und ist neben den vielen Informationen immer auch ein wunderbarer Ort, um andere Schildkrötenhalter zu treffen und sich mit ihnen auszutauschen. Letzteres betrifft nicht nur Erfahrungen, sondern auch Tiere, die von A zu B müssen, weil der eine ein Tier loswerden will und einen Abnehmer gefunden hat oder ein Halter endlich das Tier finden konnte, das er immer schon haben wollte – nur, dass eben Person A und Person B sehr weit voneinander entfernt wohnen. Wie gut, wenn man dann jemanden kennt, der sowieso in die Richtung fährt – oder eben auf eine Tagung. Das ist dann ein begehrter Umschlagplatz, was die Veranstalter nicht so gern sehen. Aber so lange es nur um Transporte und nicht um börsenartigen Verkauf geht, ist alles relativ entspannt.

Angie, die weiß, dass ich nach Landau fahre, kommt auf die Idee, ich könne doch eben von der Autobahn herunter kommen. Ich führe sowieso an Dachau vorbei, ein Abstecher auf den Parkplatz eines Gewerbegebiets sei doch vielleicht kein allzu großer Aufwand und ich könne kostbare Fracht übernehmen: eine Schildkröte. Die könnte ich doch dann nach Landau mitnehmen und dem Hans-Dieter geben, der sie dann weiter transportieren und zu seinem neuen Besitzer bringen würde.

Man hilft, wo man kann, und so stehe ich an einem Freitagmittag in Dachau auf dem Parkplatz des Gewerbegebietes.

Angie auch.
Ich warte. Angie auch.
Irgendwann greife ich zum Handy und rufe sie an.
„Ich bin doch da“, antwortet sie auf meine Frage, wo sie sei. „Ich stehe direkt vor dem Eingang …“ Und dann nennt sie mir eine bekannte und weitverbreitete Supermarktkette.
Überall gibt es die. Nur hier nicht.
So sehr ich mich auch umsehe – ich kann den Supermarkt nicht entdecken, und schon gar nicht Angie.
Und irgendwann fällt uns auf, dass es wohl mehrere Gewerbegebiete in der Region gibt, und mehrere Autobahnausfahrten. Angie ist neu im Umland von München und wartet ganz woanders. Wer nun im falschen Gewerbegebiet aufgeschlagen ist, lässt sich nicht mehr rekonstruieren, aber es ist auch egal.
Eine halbe Stunde später nehme ich die Schildkröte in Empfang, dieses Mal stehe ich auf dem richtigen Parkplatz. Ich verstaue die Box im Fußraum hinter dem Beifahrersitz, drehe die Lüftung im Auto so, dass es dort keine Zugluft gibt, und fahre den Sitz weit zurück. Jetzt ist die Box eingekeilt und kann nicht hin und her rutschen.

Auf geht's. Landau wartet. Die Schildkrötentagung wartet ebenfalls. Und Hans-Dieter auch. Der wird das Tier dann seinerseits weitergeben – so ist das eben unter Schildkrötenhaltern.
Irgendwie passiert mir das dauernd, dass ich, wenn ich auf Schildkrötentagungen fahre, zum Tiertransporter werde. Das

ist nicht weiter ungewöhnlich. Viele Besucher von Tagungen, Börsen und Kongressen haben Tiere im Kofferraum, die sie als Gefälligkeit gegenüber Freunden und Bekannten durch die Lande fahren. Das ist eigentlich nichts Besonders – außer eben beim ersten Mal und dann, wenn man sich an einem bestimmten Ort verabredet hat und allein vor einem Supermarkt steht.

Ich muss mich auch mittlerweile schwer beherrschen, diese wunderbaren Plastikdosen nicht einfach wegzuwerfen, die man in den Metzgereien bekommt.

„Willst Du die etwa aufheben?", fragt meine Frau, nachdem ich die Plastikdose und den dazugehörigen Deckel in die Spülmaschine räume.

„Warum nicht?", antworte ich mit einer Gegenfrage. „Vielleicht kann ich die ja noch mal gebrauchen. Die ist doch zum Beispiel perfekt geeignet, um kleine Schildkröten darin zu transportieren."

Ich muss das nicht weiter ausführen, sie weiß auch so, für was diese Plastikdose ganz hervorragend verwendet werden kann. Schließlich hebe ich allerlei Zeugs auf, das ich vielleicht noch mal irgendwann benutzen möchte. Wer macht das nicht. Trotzdem hat meine Frau natürlich Recht, mich immer wieder zu fragen, ob ich denn das wirklich alles aufheben will. Ohne ihren kritischen Blick und dem Mut zum Wegwerfen würden Dachspeicher, Gartenschuppen und Garage vermutlich längst überquellen vor Zeug, dass man zwar irgendwann mal gebrauchen kann … rein theoretisch natürlich,

aber vermutlich nie wieder gebrauchen wird. Dafür bin ich meiner Frau auch sehr dankbar.
Aber so eine kleine Box, die nimmt doch wirklich kaum Platz weg … Außerdem ist es so ungewöhnlich nicht, dass ich Tiere durch die Gegend fahre. Da ist es immer gut, eine Dose zu haben.
Von einer Tagung aus der Frankfurter Gegend karre ich eine Schildkröte Richtung Bayern. Irgendwo bei Langenbruck zwischen Ingolstadt und München werde ich mich mit einem Halter treffen und ihm eine Styroporbox überreichen: Darin befindet sich eine Schildkröte, deren genaue Artbezeichnung ich schon längst wieder vergessen habe.
Das hat schon etwas Konspiratives: Wir telefonieren und verabreden uns bei einer PKW-Servicestation an einer Autobahn. Ich werde eine Kiste mit einem Tier einer seltenen Art übergeben und dann zügig weiterfahren. Aber ich kann Sie beruhigen, liebe Leserinnen und Leser. Die dazugehörigen Papiere habe ich ebenfalls übergeben. Das ist also alles ganz legal und eben nur ein reiner Freundschaftsdienst.
„Hallo Taxi …" eben.
Manchmal fährt man auch die eigenen Tiere in der Gegend herum: Rambo musste nach Wiesbaden zur Weiterreise ins Hinterland. Der Kerl wurde dermaßen renitent, dass ich froh war, für ihn ein neues Zuhause gefunden zu haben.
Auf dem Weg zu einem Familienfest machten wir also ein paar Kilometer Umweg, besuchten gute Freunde und ehemalige Nachbarn, dann war ich den Randalierer Rambo los.
Ein Weibchen, das es mir angetan hatte, musste aus der Rhön abgeholt werden. So kam Luise zu uns.
Zwei Tiere, für die ich neue Halter gefunden habe, nachdem die Vorbesitzerin gestorben war und die Tochter die Tiere abgeben musste, kutschierte ich an einem Samstag in die Oberpfalz. Gern geschehen.
Man hilft schließlich, wo man kann.
Dann wieder musste ich nach Feierabend von Grünwald aus nach Starnberg fahren und eine Schildkröte abholen. Das war für alle Beteiligten die einfachste Lösung.

Dort traf ich mich mit einem wildfremden Menschen auf irgendeiner Baustelle, die ich zunächst nicht fand, denn davon gab es in der angegebenen Straße gleich mehrere. Und wie das bei einer Baustelle nun mal so ist, fehlte es an Hausnummern. Ich zückte das Handy und kurze Zeit später drückte mir ein Paul eine kleine Wasserschildkröte in einer Tupperware-Dose in die Hand, erklärte mir, dass sie gut gefüttert wurde und die beiden Tage gut ohne Nahrung auskommen könne. Vielleicht könnte ich sie ja über Nacht in einen Eimer mit etwas Wasser tun …
Ein wunderbares Tier ist es, wie ich sehe, als ich in die Box schaute: Eine Schwarzknopf-Höckerschildkröte, die einen Tag bei uns logieren wird. Dann nehme ich

sie mit Richtung Österreich, als ich zu einem Geburtstag fahre. Ein Bekannter, der dort lebt, hat mitbekommen, dass ich Richtung Burgenland fahre und fragt, ob ich nicht vielleicht, zufällig ... es läge doch auf dem Weg, und Tierversände seien doch, und nur wenn es keine Umstände macht, und er selbst würde ja, aber ... und überhaupt.

Warum macht er so viel Gerede?

Klar kann ich. Gerne doch.

Die Schwarzknopf-Höckerschildkröte soll natürlich nicht 24 Stunden vor der Weiterfahrt nach Österreich in dieser Tupperware-Dose ausharren. Während ich improvisiere und eine große Plastikwanne auf den Esstisch direkt unter die Strahler unserer Leuchte stelle, frage ich mich, ob sich im Jahr 1938 der Farmerssohn Earl Silas Tupper, der das Unternehmen Tupperware gründete, auch hat vorstellen können, wie hervorragend sich seine Produkte für Reptilientransporte eignen. Vermutlich schon, denn seine Dosen werden ja überall im Haushalt verwendet, längst nicht nur zur Aufbereitung von Lebensmitteln.

Ein paar Steine lege ich in die Wanne, die übrigens nicht von Tupper ist, und fülle sie etwa ein Drittel mit Wasser. Das muss als Behelf reichen. Zwar ist der Esstisch nun blockiert, aber Hauptsache ist doch, dem fremden Gast geht es gut und ich kann ihn am nächsten Tag seinem neuen Besitzer übergeben.

Ich schicke ihm schon mal ein Foto, damit er weiß, dass das Tier tatsächlich auf dem

Weg ist. So verbringt die Schwarzkopf-Höckerschildkröte einige Stunden in unserem Haus. Dankbar nimmt sie das Versteck hinter den Steinen an, das ich ihr auf die Schnelle habe bauen können. Zwischendurch klettert sie sogar auf einen der flachen Steine und lässt sich von der Lampe wärmen. Na also.

Abends setze ich sie wieder in die Dose. Nach nächtlicher Fahrt nach Österreich bleibt die Schildkröte noch ein paar Stunden in ihrem Behältnis, bevor sie abgeholt werden kann. Hundesicher, damit der kleine, neugierige Malteser meiner Tante das Tier nicht zum Spielen nutzt, stelle ich die Schwarzknopf-Höckerschildkröte vorübergehend auf dem geschlossenen Deckel eines Flügels ab. Wenn das nicht Stil hat, weiß ich es auch nicht.

Gespielt hat den Flügel übrigens niemand – nicht solange die Schildkröte darauf platziert war. Darauf habe ich natürlich geachtet.

15

KİPPE AUS, DİE SCHİLDİS SCHLOTTERN SCHON

Ich bin nicht der Einzige, der ein bisweilen sonderliches Verhalten an den Tag legt, wenn es um Schildkröten geht. Viele andere Halter sind mir da ähnlich. Auch Adrian. Seine Geschichte, für deren Wahrheitsgehalt ich Zeugen benennen könnte, habe ich schon mehrfach erzählt und verschiedentlich veröffentlicht. Sie gehört allerdings auch unbedingt in dieses Buch. Denn
Adrian, der im wahren Leben natürlich einen anderen Namen trägt, ist genauso tierverrückt wie viele Tierhalter, vielleicht sogar noch etwas verrückter.
Das letzte Hemd würde er für seine Schildkröten hergeben, damit es ihnen gut geht. Alles würde er rausrücken. Er verschafft ihnen Raum und reißt Wände ein, opfert sich selbst bis zum Letzten auf und doch bleibt kaum Hoffnung, dass seine Schildkröten ihm eines Tages aus Dankbarkeit ein Denkmal errichten werden. Adrian ist das egal.
Während mir (und vielen meiner Freunde) die Tiere zwar ans Herz gewachsen sind, aber wir alle auch andere Interessen und Hobbies haben, kreist Adrian wie ein Planet nur um das eine Zentralgestirn. Selbiges hat die Form einer afrikanischen Schnabelbrustschildkröte oder was weiß ich, welches exotische, möglichst seltene und nahezu nicht zu beschaffende, geschweige denn zu haltende Tierchen gerade Ziel seiner Begehrlichkeit ist. Würde ich ihn jemals fragen wie es seinen Viechern geht, er würde mich mit seinen Blicken töten, weil ich es gewagt hätte, sein Allerheiligstes despektierlich als „Viecher" zu bezeichnen. Das ist (am Rande bemerkt) übrigens hier im Süden lang nicht so abschätzig konnotiert wie im hohen Norden. Vielleicht würde ein nicht endender Vortrag folgen – Adrian kennt nur ein Thema, das aber gewaltig – und ich stünde in der Gefahr, Rettung nur noch in Morpheus' Armen zu finden. Daher frage ich ihn gar nicht erst.

Seit heute weiß ich, dass Adrian daheim ein knallhartes Regiment führt, obwohl er gar nicht so dominant wirkt. Er weiß was er will, er weiß es zu artikulieren und er weiß seine Anforderungen an seine Mitmenschen durchzusetzen.

Niemand darf in Adrians heimischem Garten rauchen. Das ist absolut und unter Todesstrafe verboten. Dabei geht es nicht etwa um die Gesundheit des Rauchers oder seiner Mitmenschen. Adrian toleriert Raucher notgedrungen, aber man hat gefälligst vor die Tür vors Haus zu gehen – und nicht auf die Terrasse oder etwa in den Garten. Denn dort hat er einen Teil seiner heiß geliebten Schildkrötenherde untergebracht. Ihretwegen herrscht striktes Rauchverbot, das übrigens auch Adrians Eltern gilt, obwohl denen Haus und Garten gehören, und sie damit eigentlich das Sagen hätten. Haben sie aber nicht.

So wurde es mir erzählt und genauso stelle ich es mir vor. Die wiederholte Versicherung, „echt jetzt, kein Schmarrn", derer, die mir die Story erzählten, hätte es gar nicht gebraucht. Der Grund für dieses rigide Reglement ist allerdings nicht, was an sich schon bizarr wäre, dass die Edeltiere vielleicht einige Mikropartikel Tabakqualm einatmen könnten. Das ist Adrians Sorge nicht.

Nein: Adrian ist sich sicher, dass die Schildkröten die Glut sehen und den Rauch riechen. Jetzt wissen wir seit Johann Heinrich Zedlers großem und vollständigem Universallexikon von 1732, dass das Gehirne der Schildkröte trefflich klein ist. Mit der Intelligenz scheint es also nicht so weit her zu sein bei den Schildkröten, zumindest traut Adrian ihnen nicht allzu viel zu.

Vielleicht glauben sie, so denkt der Bub, dass der Glimmstängel und der wohlriechende Tabakduft Zeichen eines nahenden Waldbrandes sind und verfallen

in Todesängste. Woher sollten die Viecher auch wissen, dass nur der Herr Vater und der nette Nachbar sich auf eine Kippe zurückgezogen haben?
Die Angst vor der lodernden Savanne würde sie panisch machen. Und den Stress – so wird mir erzählt – will Adrian seinen Tieren nicht zumuten. Feuerübungen wie weiland in Schulzeiten wurden bisher nicht veranstaltet und Evakuierungspläne scheinen nicht vorzuliegen. Da kann man es angesichts eines Zigarettchens tatsächlich mit der Angst zu tun bekommen …
In fröhlicher Runde fragen wir uns, wer denn eigentlich in einem solchen Szenario derjenige ist, dessen Gehirn so trefflich klein ist. Die Schildkröten können es nicht sein. Zur Bestätigung meiner Behauptung verweise ich auf meine eigenen Schildkröten, die völlig ungerührt bleiben, wenn wir im Garten keine fünf Meter entfernt auf Echtholz saftige Rinderlappen grillen. Feuer, Rauch, verbrennendes Fleisch interessiert sie einen feuchten Dreck, zumindest löst das weder Panik noch Fluchtreflexe oder angstbedingte Scheißerei aus.
Wenn's die Schildkröten nicht sind, wer dann? Vielleicht die Eltern? Gut möglich, ich kenne die Leute nicht.
Aber würden Sie sich in Ihrem eigenen Garten von Ihrem Sprössling mit einer solchen Begründung das Rauchen verbieten lassen? Ich nicht. Im Gegenteil.

Gut, dann sind wir uns einig. Es gibt eigentlich keinen Grund, mit dem Rauchen zu beginnen. Aber das wäre einer …

Nachtrag:
Adrian, der diese mittlerweile nicht mehr ganz so neue Geschichte kennt, sogar bei einer Lesung Zuhörer war, als die Geschichte öffentlich vorgetragen wurde, nimmt's gelassen.

Zumindest zeigt er keinerlei Empörung darüber, dass ich mich ein wenig lustig über ihn gemacht habe. Nicht, weil ihm gar nichts anderes übrig bleibt, sondern weil er ein entspannter Typ ist. Ein Schildkrötenspinner eben – wie die meisten von uns. Nur, dass er eben vielleicht noch ein wenig verrückter auf diese Viecher ist. Aber das ist sein gutes Recht. Wir haben eben alle unsere Marotten.

Danke dafür.

16

İMUMA

„Sollte“, so lästerte vor vielen Jahren ein guter Freund und Bruder dreier kleinerer Schwestern, er jemals eine Tochter bekommen, „dann nenne ich sie Imuma!“

„Imuma?“

„Das ist die Kurzform von *Ich muss mal*!“

Es muss ihm als Kind wahnsinnig auf die Nerven gegangen sein, dass sich fortwährend und in schöner Abwechslung eine seiner Schwestern mit „Ich muss mal!“ zu Wort gemeldet haben: auf der Fahrt in den Urlaub, beim Skifahren, beim Einkauf, vor dem Kino, nach dem Kino – einfach immer.

An diese Episode muss ich denken, als ich auf der Suche nach Schildkrötenkot in unserem Gehege bin.

„Müssen die verdammten Viecher denn nie?“, fluche ich und weiß, dass das eigentlich Unfug ist. Denn sonst müssen sie doch auch dauernd. Kot findet sich immer wieder im Gehege, manchmal so viel, dass ich mich frage, welche Mengen meine Schildkröten eigentlich verdrückt haben. „Unfassbar, dass ein kleines Tier solche Haufen hinterlässt.“

Klingt vielleicht jetzt etwas unappetitlich, je nachdem, wo Sie sich gerade befinden, während Sie diese Zeilen lesen. Aber das gehört natürlich auch zum Alltag der Schildkrötenhalter dazu: bei Bedarf Kot absammeln und Kotproben suchen, um diese im Sommer auf Parasiten zu untersuchen.

Nur ist es leider so, dass die Tiere nicht auf Kommando kacken, nur weil ich eine Probe benötige. Es ist wie verhext.

Der Sommer ist heiß. Die einzigen Verdauungsreste, die ich finde, sind total eingetrocknet. Da muss etwas Frisches her, denn mit dem, was ich finde, kann mein Tierarzt nichts anfangen. Aber die Schildkröten weigern sich, das ist fast schon Sabotage.

Ich bin nicht unbedingt ein Freund davon, Schildkröten zwangsweise zu baden – weder, um ihnen eine Kotprobe abzuringen und noch viel weniger vor der Winterstarre, damit sie „mit völlig entleertem Darm“ in die Überwinterung gehen. Völlig entleert heißt nämlich auch, ihnen durch das Baden Mikroorganismen auszuspülen, und die Darmflora nimmt einen wesentlichen Bestandteil der Verdauung ein. Obwohl es nach wie vor Verfechter des Badens gibt, finde ich wenig überzeugende Argumente dafür, hingegen zahlreiche Argumente, es nicht zu tun.

Gleiches gilt auch für den Sommer. Wenn meine Schildkröten in eine Wasserschale im Gehege steigen wollen: bitte gern, sollen sie. Hin und wieder tun sie das auch. Aber zwangsweise müssen sie es eben nicht – auch wenn sie das beileibe entspannt über sich ergehen lassen, wie ich es ganz am Anfang meiner Schildkrötenhaltung beobachtet habe. Da kenne ich manche Tiere, die weitaus mehr Theater machen, wenn sie Wasser nur sehen: Der Hund meiner Tante fällt mir da als allererstes ein.

Trotzdem brauche ich jetzt eine verdammte Kotprobe. Heute, jetzt. Mein Tierarzt hat nicht rund um die Uhr geöffnet. Als berufstätiger Mensch muss man also ein wenig planen, wann man was erledigt, um nicht fortwährend Urlaub nehmen zu müssen: Ein Urlaubstag, nur um meine Schildkröten zum sch … zu bringen und selbige zum Tierarzt zu fahren – das wäre ja wohl doch etwas übertrieben.

Also bitte: „Strengt Euch gefälligst mal an!“ Tun sie aber nicht.

Noch eine Geschichte fällt mir ein, die ein Freund einst erzählte: Seine Kinder hatten es nicht so mit dem Einschlafen, als sie Babys waren. Da half kein Wiegen, kein Herumtragen, kein Schlaflied, kein Kinderwagen. Um sie zu überlisten, setzte er sie in die Babyschale, verfrachtete sie in sein Auto und fuhr einmal um den Block. Denn kaum waren die Kinder im Fahrzeug verstaut und die ersten Meter gefahren, schlossen sie die Augen und schliefen tief und fest … So, wie er es gerne gehabt hätte.

„Das hätte perfekt sein können“, erzählte er damals, „wenn sie nicht vorher noch einmal kräftig in die Windel gedrückt hätten …“

Autofahren regt also die Verdauung an. Imuma lässt grüßen.

Daraus kann ich etwas lernen. Ich könnte die Schildkröten in eine Plastikwanne setzen, selbige im Auto platzieren und die Tiere durchs Dorf kutschieren. Vielleicht hilft es ja.

Damit will ich natürlich nicht behaupten, dass mein Fahrstil so unterirdisch schlecht ist, dass sich die Tiere vor Angst „in die Hose machen“ … Es ist wohl eher das Brummen und Vibrieren, das Ruckeln, was den Darm inspiriert. Hoffe ich jedenfalls.

Fakt jedenfalls ist, dass ich, kaum dass ich eine Kotprobe zum Tierarzt gebracht habe und diese befundet wurde, mit allen Schildkröten im Auto sitze. Im Fußraum stapeln sich die Boxen, weitere hat meine Tochter, die mich begleitet, auf dem Schoß.

Alle Tiere müssen entwurmt werden. Und das mache ich nicht selbst, denn der positive Nebeneffekt ist, dass der Arzt bei der Gelegenheit alle Tiere kritisch in

Augenschein nehmen kann. Das kann ja nicht schaden.
Die Fahrt dauert 15 Minuten, es sind rund 14 Kilometer, die ich zurücklegen muss. Das ist genug Zeit, damit alle Tiere Kot absetzen. Alle! Und das in rauen Mengen. Wenn sie sollen, tun sie es nicht, wenn sie es nicht sollen, umso heftiger. Immer. Außerdem ist genug Zeit, während der Fahrt mehrmals durch den Kot zu stapfen und sich ordentlich einzusauen.

Ich nehme also immer schon eine Küchenrolle mit, um sie notdürftig zu reinigen, bevor ich das Wartezimmer mit allen Kisten und Boxen betrete. Wäre ja auch zu peinlich, dem Arzt lauter kotverschmierte Tiere zu präsentieren. Auf dem Parkplatz vor der Praxis reinigen wir eine Schildkröte nach der anderen, stopfen das Küchenpapier mitsamt dem, das in den Boxen gelegen hat, in einen Müllbeutel und los geht's.

Auf der Rückfahrt das gleiche Spiel: Nahezu jedes Tier setzt noch einmal Kot ab. Luise, die größte von allen, übertreibt es schamlos. Ich spreche ihr angesichts des Drecks, den sie produziert hat, jede aristokratische Vornehmheit ab.
Als wir daheim ankommen, ist die ganze Bande wieder dreckig bis zur Halskrause. Ich sollte sie doch baden. Stattdessen setze ich sie so, wie sie sind, zurück in das Gehege und spendiere ihnen eine ordentliche Dusche aus der Gießkanne. Das Wasser aus der Regentonne ist warm, die Tiere genießen es.

Manchmal frage ich mich, ob mich die Schildkröten verarschen wollen und ich wundere mich, wie viel Kot eigentlich in so ein Viech hineinpasst …

Imuma – wenn ich jemals eine weitere Schildkröte zu mir nehmen werde, wird sie so getauft.

17

DIE VIERKLASSEN-GESELLSCHAFT

Seit wir Schildkröten halten, wird Spazierengehen oder Wandern mit mir mehr oder weniger eine Zumutung für alle anderen. Es war vorher schon schlimm, weil ich oft die Kamera dabei habe und mir einbilde, bestimmte Fotos könne man nur machen, wenn und weil ... dann bleibe ich zurück, warte auf den perfekten Moment (oder das, was ich dafür halte), drücke ein paar Mal auf den Auslöser und muss anschließend schauen, dass ich wieder zum Rest der Gruppe aufschließe.

Dass ich regelmäßig auf die sonderliche Idee komme, links und rechts am Wegesrand nach Steinen fürs Gehege Ausschau zu halten, habe ich bereits erzählt. Hin und wieder schleppe ich auch Wurzelholz aus den Wäldern rings um unser Dorf in unseren Garten. Das ist normal – Schildkrötenhalter machen so etwas. Mittlerweile belästige ich aber meine Mitmenschen auch durch fortwährende Hinweise auf mögliche Futterpflanzen für unsere Schildkröten.

„Da schau mal", entfährt es mir in Wiener Neustadt auf dem Weg von der Ungarstraße in die Fußgängerzone, als wir durch eine winzig kleine Grünanlage gehen. „So viel Löwenzahn. Alles Schildkrötenfutter."

Natürlich weiß ich, dass ich die Pflanzen dort nicht verwenden kann; der Park ist geradezu prädestiniert, um Hunde Gassi zu führen. Vielleicht ist das auch der Grund, warum der Löwenzahn so prächtig gedeiht. Wir sind zu Besuch in der Gegend, machen einen Abstecher in diese nette Stadt, um ein wenig zu bummeln und eine Melange zu trinken, und ich habe nichts anderes im Kopf, als an der Mauer der Stiftspfarre des Neuklosters begehrlich den Löwenzahn anzustarren. Typisch.

Nur das Wissen darum, dass wir noch zwei Tage bleiben werden und bis wir wieder daheim sind, der Löwenzahn zu einem unappetitlichen grünen Matsch verkommen würde, hindert mich daran, Beute zu machen – und eben die Sorge, dass dieser kleine Grünstreifen vielleicht eines der Hundeklos der niederösterreichischen Stadt sein könnte.

Aber die Situation ist symptomatisch.

Egal ob Löwenzahn im Park, der Sauerklee im Wald, den ich für mein Bildarchiv fotografiere, falls ich mal etwas über Schildkrötenernährung und Oxalsäure schreiben will: Als Halter von Europäischen Landschildkröten habe ich mich schleichend zum Kräuterkundler entwickelt.
Mehrere Pflanzenführer und -bestimmungsbücher stehen daheim im Regal. Wie bereits geschildert: Es müssen eben alle sein. Allerdings ist es selten, dass ich eines mitschleppe. Das meiste Kraut kenne ich ohnehin und nur selten mache ich mich in unbekanntem Gebiet auf Futtersuche.
Nicht, dass es mir dabei um biologische Kenntnisse geht, wie nun welche Pflanze mit welcher verwandt ist. Außer dem klassischen Beispiel der Wegwarte und der Endivie kenne ich nur wenige der engeren Verwandtschaftsverhältnisse der Pflanzen untereinander. Das ist auch nicht unbedingt notwendig. Denn für mich gibt es sowieso nur vier relevante Klassen, in die ich das gesamte Grünzeug sortiere:

1. Hervorragende Futterpflanze – sofort mitnehmen
2. Notversorgungspflanze – wird von meinen Schildkröten ungern und nur in allergrößter Not gefressen
3. Gehegepflanze – eignet sich immerhin fürs Gehege, wird aber nicht angerührt
4. Sonstiges – brauch ich nicht, will ich nicht!

Wobei ich unter „Sonstiges“ alles einordne, was entweder im Verdacht steht, möglicherweise giftig zu sein, oder sich bis zum Gehtnichtmehr zu vermehren und mir das ganze Gehege überwuchern könnte.

Und es gibt weitere Gründe, warum ich das eine oder andere Gewächs grundsätzlich nicht im Gehege haben will. Dornige Rosen gehören zum Beispiel dazu. Die könnte ich pflanzen, vielleicht würden sogar die Blütenblätter gefressen. Trotzdem will ich sie nicht einpflanzen – der Dornen wegen. Also ganz klar: Rosen sind Klasse 4. Wie Wolfsmilch, Giersch, Maiglöckchen oder Azaleen. Allesamt ein No-Go in meinem Gehege, wenn auch aus ganz unterschiedlichen Gründen.

Mit der Zeit lernt man auch noch so merkwürdige Begriffe wie Saponine, Senfölglycoside, Alkaloide, Oxalate und anderes, alles Inhaltsstoffe von Pflanzen, die damit ganz schnell aus den Klassen 1 und 2 gestrichen werden. Warum soll ich die verfüttern? Brauch ich nicht, will ich nicht. Stempel mit Kategorie 4 drauf. Fertig.

Futtersammeln bei Spaziergängen habe ich mir mittlerweile abgewöhnt, um zum Ausgangspunkt dieser Geschichte zurückzukehren. Ich habe die Erfahrung gemacht, dass das zu nichts führt. Zum einen hält das noch mehr auf als Fotografieren. Man kommt nicht wirklich zum Spazierengehen. Zum anderen würde es mich, sobald der Futtersack voll ist, auf sonderbare Weise zurück nach Hause drängen. Die Beute will heim geschafft und nicht noch stundenlang durch den Wald und zwischen den Feldern hindurch geschleppt werden. Ganz abgesehen davon: Ich kenne längst nicht jedes Kraut. Und soll ich neben meiner Kamera, einer Tüte und Gartenhandschuhen etwa noch ein Bestimmungsbuch mitschleppen? Nicht doch. Meine Frau möchte doch einfach nur ein wenig spazieren gehen. Von einer Exkursion war nie die Rede … Und von Vorträgen, wie man die Hahnenfußarten unterscheidet, schon gleich gar nicht. Es reicht wenn ich kreische, was für tolle Futterpflanzen hier wachsen, und mir die Stelle für Notfallsituationen merke. Wenn ich jetzt noch anfange, von *Plantago major und Tussilago farfara* zu sprechen, statt von Breitwegerich und Huflattich, und bei Letzterem noch über darin enthaltene Pyrrolizidinalkaloide, dann hält mich vielleicht selbst meine Frau für einen Spinner.

Übrigens glauben Sie bitte nicht, ich wüsste, was Pyrrolizidinalkaloide sind. Ich habe das einfach aus Wikipedia abgekupfert. Ich habe keine Ahnung, ich kann das Wort nicht mal unfallfrei aussprechen.

Aus diesem Grund ist die Beschaffung von Schildkrötenfutter (Fouragieren – Sie erinnern sich?) für mich eine eher einsame Angelegenheit. Das mache ich am liebsten allein. Und hin und wieder nehme ich dann auch eine Schaufel mit und grabe ganze Pflanzen aus, wenn ich sie klar erkannt habe, sie in eine der Kategorien 1–3 eingeordnet habe und sie nicht unter Naturschutz steht.

Zu Kategorie 4 gehört nebenbei bemerkt nahezu das ganze Spektrum der Pflanzen, die in Baumärkten und Gartencentern angeboten werden. Dort nämlich suche ich zwischen all den Zier- und Obstgehölzen, den Edelrosen, Koniferen, Garten- und Grabpflanzen lediglich nach Pflanzen der Klasse 3, also in meinen Augen gehegetaugliche Pflanzen, die nicht gefressen werden.

Wo kommen wir schließlich auch hin, wenn ich meinen Tieren Pflanzen der Klasse 1 auch noch kaufen würde, wenn ich sie im und ums Dorf herum normalerweise überall finde und pflücken kann?

Das heißt: Bei großen oder kleinen Einkäufen im Baumarkt verschlägt es mich oft genug in die Gartenabteilung. So ein kleiner Lavendel, ein Fingerstrauch, eine Zwergkiefer, ein Rosmarin oder Wilder Majoran … irgendwie schafft es immer wieder die eine oder andere Pflanze erst in den Einkaufswagen und anschließend daheim ins Gehege.

Ist doch irgendwie eigenartig, oder?

18

MARCEL KENNT SICH AUS

Halter diverser Wasser- und Sumpfschildkröten wissen, dass es durchaus Schildkrötenarten gibt, die sich mitnichten mit ein paar Kräutern abspeisen lassen. Ihnen, also den Tieren, gelüstet es nach Fleisch. Am besten nach lebendem. Denn sie jagen ihre Beute.

Viele Reptilien machen das, nicht nur Schildkröten. Amphibien sind da nicht besser, und darum bin ich in schöner Regelmäßigkeit in einem Baumarkt in der Zooabteilung und kaufe dort Futtertiere für meine Pfeilgiftfrösche, die ich mir dann doch angeschafft habe – allen Bedenken zum Trotz, dass sie mich eines Tages heimtückisch angreifen könnten.

Über den Verkauf von Tieren im Gartencenter oder Baumarkt kann man geteilter Meinung sein, aber Futtertiere bekomme ich dort sehr zuverlässig – seit ich Froschhalter bin, schlage ich dort dienstagabends oder spätestens mittwochmorgens auf. Frische Ware kommt immer dienstagnachmittags und so viele Boxen der großen Fruchtfliegen gibt es nicht. Da muss ich schnell sein.

Mehrere neu eröffnete Baumärkte mit Zooabteilungen liegen auf meinem Weg zur Arbeit, das entspannt die Lage allerdings ein wenig, so dass ich das Futtertierabo wieder kündigen konnte. Es war auch etwas bizarr, für den Versand der Fliegen in kältegeschützten Boxen mehr zu bezahlen als die Tiere selbst kosten. Aber seit ich einmal vor Weihnachten ganz München nach Futterfliegen abfahren musste, war ich auf Nummer sicher gegangen.

Eines Tages traf ich in einem Baumarkt Marcel, den ich jetzt einfach mal so nennen will, und seine Freundin:

„Ist das eklig, komm da weg, Marcel!“

Aber Marcel hört nicht. Das überrascht mich nicht, im Gegenteil: Das macht mich neugierig. Marcel ist Anfang 20, dem Aussehen nach Student einer abstrusen Geisteswissenschaft (Entschuldigung, aber ich darf das sagen, ich war auch so einer) und daher ein wenig von Bodenhaftung befreit. Seine Freundin zieht ihn am Ärmel, aber das nützt nichts.

Männer – obwohl bei seinem Alter die Bezeichnung „große Jungs“ eher passen würde – hören grundsätzlich in solchen Momenten nicht auf ihre Freundinnen.

Sei es, dass Marcel jetzt erst recht den Helden geben möchte, sei es, dass er seine Freundin etwas reizen möchte – er greift in die Vollen, zieht eine Schachtel Heuschrecken aus dem Regal und hält sie ihr, unter Durchbrechung sämtlicher Distanzzonen, direkt unter die Nase. Erwartungsgemäß stößt sie einen schrillen Kreischlaut aus.

Der Kauf von Futtertieren im Baumarkt ist immer wunderbar amüsant. Es sind die netten kleinen Nebengeschichten, die meine Besuche so vergnüglich machen.

Diesmal vergnügen mich Marcel und seine Freundin, die sich zwar girliemäßig benimmt, aber eigentlich gar nicht so ausschaut. Sie, deren Name mir für immer verborgen bleiben wird, kreischt also auf, womit wir zurück im Thema wären.

Marcels Neugier ist nun geweckt. Er untersucht nun die weiteren Schachteln im Regal auf ihre Inhalte. Immer neue Insekten zieht er hervor. Die Heimchen, Terry-Flies, Mehlwürmer und die großen Schaben haben es ihm ganz besonders angetan. Auch die zeigt er seiner Freundin. Er hält ihr die Schachtel direkt vor die Nase, dass es sie vor Ekel nur so schüttelt. Sie kreischt kurz, er lacht, dann stellt er die Schachtel zurück ins Regal. Hauptsache Marcel hat seinen Spaß.

„Wofür ist das?“, fragt sie. „Etwa zum Essen?“

Obwohl sie ihre Frage sicher anders gemeint hat, antwortet ihr Freund zögernd: „Na ja, schon möglich. Immerhin … in einigen Ländern soll es ja Menschen geben, die so was essen.“

„Mensch Marcel!“, denke ich, der freiwillige Zeuge des Geschehens, der keinen Meter entfernt steht. Das sind Futtertiere für andere Tiere. Wir sind doch in der Zooabteilung bei den Terrarien. Und hier gibt's nun mal Fleischfresser ohne Ende. Schau Dich doch mal um, Bub. Was glaubst Du, was die Geckos im Terrarium nebenan fressen? Und selbst die kleinen Mississippi-Höckerschildkröten weiter unten im Bassin ernähren sich nicht nur von Luft, Liebe und dem Wasser, in dem sie unermüdlich hin- und herschwimmen.

„Gott, wie eklig! Wer kauft denn so was?“, entfährt es ihr.

Mich hat sie zum Glück gar nicht wahrgenommen. Ich stehe schräg hinter ihr, halte zwei Boxen mit Futtertieren in der Hand und finde nichts eklig daran. Und ICH kaufe so was.

Marcel und seine Freundin sind mir bereits aufgefallen, als sie in die Abteilung geschlendert sind. Geschlendert? Ja, das trifft's. So etwas gibt es: Menschen, die durch Baumärkte bummeln. Ehrlich gesagt: Ich tue auch nichts anderes.

Warum ich das mache? Es riecht dort so gut: Frisches Schnittholz, Kunststoffausdünstungen von Bauwannen, Gummi von Dichtungen und Fußmatten für Fahrzeuge, Metall. Dazu das Glänzen unbenutzter Werkzeuge, Stahlkappenschuhe, schwere

Kettensägen, Gartengrills – ein Fest der Sinne, ein Männerparadies.
Zumindest an Wochentagen ist das so. Am Wochenende ist dieses letzte Rückzugsgebiet echter Kerle in permanenter Bedrohung. Dann nämlich, wenn sich im Einkaufswagen vor einem an der Kasse ein Terracottaschälchen, ein Säckchen Erde, ein paar Küchenkräutlein für die heimische Fensterbank, allerlei Badezimmerdeko und ein Fläschchen Orchideendünger angesammelt haben. Alles Dinge, die Männer in Garten- und Baumärkten zu kaufen vermeiden.
Zurück zu Marcel. Warum bummelt er mit seiner Freundin durch einen Baumarkt? Ich habe keine Ahnung. Vielleicht muss Marcel die Zeit überbrücken, in der seine Oma die Gartenabteilung plündert, um sie anschließend mit all dem Eingekauften heimzufahren. Vielleicht richtet er sich gerade ein heimeliges Nest ein, hat mit seiner Freundin Duschvorhänge, Schlüsselkästchen, Regalbretter und Wandhaken ausgesucht und möchte schauen, was es sonst alles so gibt. Wie auch immer, jedenfalls flanieren nun beide durch die Zooabteilung.
„Gibt's hier eigentlich auch Spinnen?“ Das Girlie ist sichtlich beunruhigt.
„Das weiß ich nicht …“, antwortet Marcel zögernd. „Aber es gibt Frösche“, triumphiert er schließlich und er zieht sie ein Stück weiter vor eine Terrarienwand.
Das hat er gut von den Schildern abgelesen, denn zu sehen ist kein einziges Tier: Weder die Riedfrösche, noch der Schmuckhornfrosch, noch die Goldbaumsteiger. Das ist besonders schade, denn die bunten Pfeilgiftfrösche entlocken auch hartnäckigen vom Ekel gepackten Tierverächtern gern mal ein „Ach, sind die niedlich!“.
Angesichts der leeren Becken – oder der nicht auffindbaren Tiere – drängt es Marcel zu den Leopardgeckos und Bartagamen. Jetzt spätestens müsste er wissen, wofür die Futtertiere gedacht sind. Seine Freundin findet die Echsen wenig interessant. Der fette, fleischig rosafarbene Schwanz eines Albino-Geckos ist das Einzige, was sie begeistert. Es erinnert sie an etwas, und das flüstert sie Marcel prustend aber nicht leise genug ins Ohr. Das Girlie hat eben doch keine Ahnung oder Marcel ist ein Fall fürs Kuriositätenkabinett.
Etwas Interesse entwickelt sie erst, als Marcel die Landschildkröten entdeckt. „So eine möchte ich auch mal haben“,

kommentiert er. Schlagartig ist das Girlie-Gekichere vorbei.
„Kommt gar nicht in Frage", ranzt sie ihn an. „Die stinken wie Hölle und kommen mir nicht in die Wohnung."
Da muss ich ihr zumindest bedingt Recht geben. Griechische Landschildkröten gehören nicht in die Wohnung. Stinken tun sie allerdings nicht. Und wenn sie nicht gerade eine Schnecke oder einen Regenwurm gefressen und verdaut haben, stinkt auch ihr Kot nicht übermäßig.
Ich bin von so viel Sachverstand beeindruckt. Während sie nun endlich ein süßes Tier entdeckt hat, denn sie ist bei den Kleinnagern gelandet, drängt es mich zur Kasse. Von fern höre ich, mit welcher Begeisterung sie für die Ratten, Hamster, Meersäue und Mäuse schwärmt.
„Was sind die niiiiiiiiiiiiiiiiedlich ..."
Ach Mädel, geht es mir durch den Kopf, als ob die nicht stinken würden. Und Futtertiere sind's im Prinzip auch. Da jedenfalls ist sich der freundliche Pythonhalter ganz sicher.
An der Kasse erwartet mich eine ungewöhnlich lange Schlange. Brav stelle ich mich hinten an, erhasche aber aus dem Augenwinkel den Blick auf die Frau an der Informationstheke. Sie winkt mir zu, ich könne auch bei ihr bezahlen.
Dankbar nehme ich an.

„Ich sehe schon, da sitzt bestimmt jemand zu Hause, der auf Abendessen wartet", kommentiert sie und zeigt auf die beiden Boxen auf dem Laufband, während ich das Geld heraushole.
„So ist es", bestätige ich und ich weiß: Die Frau versteht mich. Ihr ist klar, dass die Futterfliegen im Terrarium und nicht auf unserem Tischgrill landen werden. Sie sind, im Gegensatz zu den Heuschrecken, nun auch wirklich zu klein zum Rösten ...

19

WOHIN, WOHIN ...

Der Sommer ist noch in weiter Ferne, da werden Urlaubspläne gemacht. Meine Frau möchte nach Portugal. An den Atlantik.
„Gibt es da Schildkröten?", fragt sie und ich verspreche, mich sachkundig zu machen.
Denn wir beide wissen: Eine Urlaubsreise in ein Land, in dem es keine Schildkröten in ihren natürlichen Lebensräumen gibt, kommt so gut wie gar nicht in Frage. Höchstens im Winter. Und dann nur einen Tag – zum Skifahren in die Berge.

Im Sommer aber will ich in der Macchia herumkriechen. Auf allen vieren zur Not. Dann suche und finde ich Schildkröten, beobachte sie, fotografiere sie und schaue mich intensiv in der Landschaft um. Was wächst dort, wie warm ist es, wie ist die Bodenbeschaffenheit und so weiter. Also bemühe ich Freunde und Bekannte, befrage Google und Foren auf der Suche nach Tipps, wo ich in freier Natur Schildkröten finden kann. Denn das ist beileibe nicht so einfach, wie es klingt. Dass es in einem Land welche gibt, heißt ja nicht zwangsläufig, dass es sie auch in der Gegend gibt, wo wir Urlaub machen wollen – und wenn die Bilder noch so schildkrötengeeignete Landschaften versprechen. Ohne vorher zumindest von anderen gehört zu haben, dass man grundsätzlich die Möglichkeit hat, in der Nähe unserer Urlaubsziele wildlebende Schildkröten zu finden, weil sie dort welche gesehen haben, fahre ich gar nicht erst los. Ein einziges Mal habe ich das gemacht, bin mit meiner Familie nach Korsika gefahren und habe mir die Füße in der Macchia platt gelaufen. Erst das „Village des Tortues" in Moltifao konnte mich versöhnen und später natürlich ein Tag im wohl berühmtesten aller Schildkrötenzoos, in „A Cupulatta". Das sollte sich bitte nicht wiederholen – und hat es auch nicht.
Feldherpetologie könnte man das bezeichnen, ich nenne es Erholung. Meine Familie hingegen nicht. Sie weiß, wenn ich nicht spätestens am zweiten Tag Schildkröten gefunden habe, drückt das die Stimmung. Da kann das Meer noch so

blau, das Wasser noch so warm und die Küche noch so gut sein. Ich will Schildkröten sehen. Dafür bin ich schließlich hergekommen.

Eigentlich fängt es schon bei der Hinfahrt an. Je näher wir dem Urlaubsziel kommen, umso intensiver schaue ich mich in der Landschaft um. Welche Wege führen von der Landstraße hinein in die Macchia? Wo kann ich in den kommenden Tagen auf die Suche gehen?

Ich kann es kaum erwarten, Schildkröten zu suchen – und zu finden. Mit einem Auge beobachte ich den Straßenrand, heimlich natürlich. Es wäre nicht das erste Tier, das wir dort sitzen sehen. Auf der einen Seite bin ich enttäuscht, dass diese diskrete Suche erfolglos bleibt, auf der anderen Seite hingegen nicht.

Was, wenn ich wirklich mal eine Schildkröte da sitzen sehe? Vollbremsung auf gut befahrener Urlauberroute? Strapaziere ich die Geduld meiner Mitreisenden nicht doch zu arg, wenn ich mir kurz vor der Ankunft am Urlaubsort solche Eskapaden leiste? Alle sind von der Fahrt genervt und wollen endlich ankommen. Was, wenn ich stoppe, den halben Kofferraum ausräume, um meine Spiegelreflexkamera zu finden, um dann das Tier zigmal von allen Seiten zu fotografieren, bevor ich es zurück ins Gestrüpp trage?

Theoretisch ließen sich in allergrößter Not solche Bilder auch mit dem Handy machen, aber so groß ist die Not dann doch nicht. Irgendwo muss die Spiegelreflex ja sein. Oder die andere. Denn wenn wir mit vier Personen in den Urlaub fahren, dann kann das – Handys eingerechnet – schon mal dazu führen, dass wir mit etwa doppelt so viel Kameras unterwegs sind. Zu den Handys kommen die Spiegelreflexkameras, die einfach viel bessere Bilder machen – und dann noch die kleine Digitalkamera, mit der man auch unter Wasser fotografieren kann.

Foto: Stefanie Prauser

Mir ist klar, dass die Toleranz gegenüber meiner Schildkrötenbegeisterung und die Geduld für so ein Treiben in solchen Momenten schnell erschöpft sind. Da vertage ich mich doch lieber auf später. Später – das heißt: Der Rest der Familie vergnügt sich am Strand, beim Städtebummel und Shopping, genießt das Ausschlafen und das späte Frühstück in der Ferienwohnung, aber ich bin schon um 8 Uhr abfahrbereit und krieche keine halbe Stunde später durchs Gestrüpp.

„Schön bescheuert", mögen meine Kinder denken. Sollen sie. Vielleicht haben sie ja Recht.

Aber wenn ich dann endlich die erste Schildkröte in freier Wildbahn gefunden habe, nachdem ich zuvor Dutzende von Landschafts- und Pflanzenfotos gemacht und zahlreiche Eidechsen versucht habe zu fotografieren, dann bin ich völlig aus dem Häuschen. Dann wird sie fotografiert, bis der Akku der Kamera fast leer ist. Mit Landschaft und ohne, von oben und von vorne, von der Seite und selten auch von unten.

Die meisten Ausflüge in die Habitate mache ich allein – dann drängelt und hetzt niemand, dem langweilig oder zu heiß ist, der Hunger hat oder auf's Klo muss. All das ist nämlich nicht nur hinderlich, das birgt auch immenses Konfliktpotential. Andererseits muss ich zugeben, dass vier Augen mehr als zwei sehen, und meine Frau zum Beispiel einen sehr guten Blick dafür hat, Schildkröten zu entdecken – oft sieht sie die Tiere lange vor mir oder entdeckt welche, an denen ich vorbei marschiert wäre, weil ich sie zwischen Gräsern und Zweigen nicht gefunden hätte.

Und wenn mich selbst Frustration und Ungeduld gepackt haben, weil ich nicht genug Tiere gesehen habe, dann ist sie es, die plötzlich sagt: „Da hinten ist eine …", und alles ist gut.

Bin ich aber allein unterwegs und habe trotz intensiver Suche kaum Tiere ge-

funden oder gar keine, dann begebe ich mich stinksauer zurück zum Auto. Und dann ringe ich mit mir, ob ich vielleicht diesen einen Trampelpfad noch … oder da drüben durchs Gebüsch … oder da nochmal.

Es ist wie verhext – dieser eine, der meist letzte Versuch, bevor ich woanders hin fahre, ist oft von Erfolg gekrönt. Und dann hocken da traumhaft schöne Weibchen oder ganz junge Tiere auf der Erde und tun so, als ob nichts gewesen wäre. So, als wollten sie sagen, sie seien doch schon die ganze Zeit da gewesen, was könnten sie denn dafür, dass ich zu blöde zum Suchen bin …

Sollte es, das erwähnte ich bereits, irgendwo in der Gegend einen Reptilienzoo, ein Aquarium, eine Schildkrötenstation oder gar ein Schildkrötendorf geben, dann ist mindestens ein Urlaubstag dafür reserviert.

Daheim stelle ich dann fest, dass von über 1.000 Bildern auf der Speicherkarte etwa drei Viertel der Fotos Reptilien und deren Lebensräume zeigen. Kaum Bilder von Sonnenuntergängen am Strand, kaum Fotos von den malerischen, pittoresken Stadtansichten und antiken Ruinen – von der Familie ganz zu schweigen.

Würden meine Frau und meine Töchter nicht auch ein paar Bilder machen, die Auswahl für das spätere Urlaubsalbum wäre sehr einseitig.

Man muss eben Prioritäten setzen.

Wegen dieser Bedürfnisse schaffen wir es auch immer noch nicht, einfach nur mit einem Köfferchen irgendwohin zu fliegen. Denn neben den Kameras nebst Objektiven muss natürlich auch die Funktionskleidung eingepackt werden – allen voran die schweren Wanderstiefel.

Es ist mir völlig egal, ob ich bei über 35 °C im Schatten in langen Hosen und Wanderstiefeln losziehe und wenn ich selbige später ausziehe, niemand in unmittelbarer Nähe sein sollte. Kreuz und quer durchs Unterholz geht eben weder in Shorts, noch in Flipflops. Shorts und Flipflops allerdings hätten im Koffer Platz. Wanderstiefel wiederum nicht.

Und ich werde ganz sicher nicht mit selbigen im Flugzeug sitzen, nachdem ich nach Zadar, Olbia oder sonstwohin

eingecheckt habe. Sowas macht man als Student und Rucksackreisender. Aber doch jetzt nicht mehr.
Und auf dem Rückweg im Handgepäck Steine mit nach Hause schleppen? Ganz sicher nicht.

Also fahren wir mit dem Auto, da passt dann auch das ganze Geraffel, was wir mitnehmen wollen, bequem in den Kofferraum. Und auf dem Weg nach Hause ist auch noch Platz für ein paar Steine …
Aber das sagte ich ja schon.

20

FRAGEN SIE FRAU CLAUDIA

Frau Claudia, die in diesem Buch ausnahmsweise tatsächlich so heißt, wiegt Wurst ab. Höchst präzise macht sie das. Bestellt man zum Beispiel 150 Gramm Wildsalami, dann liegen, nachdem sie den ersten Schwung in feine Scheiben geschnitten hat, etwa 148 bis 153 Gramm auf der Waage. Bei Schinken, Gelbwurst oder Bratenaufschnitt ist es nicht anders. Denn Frau Claudia kennt sich aus.
In ihrer Metzgerei im Nachbardorf steht sie hinter der Verkaufstheke, immer freundlich und gut gelaunt, immer sehr zuvorkommend und dabei höchst kompetent. So mag ich das, und darum ist die Metzgerei im beschaulichen Isen unsere erste Anlaufstelle für alle Fleisch- und Wurstwaren. Ich lasse es mir nicht nehmen, gemeinsam mit meiner Frau jeden Samstag den Wochenendeinkauf vorzunehmen. Voller Begeisterung schaue ich zu, wie frisches Hackfleisch aus dem Fleischwolf quillt und ich frage höflich, ob ich das mal für mein Fotoarchiv fotografieren dürfe.
Ich darf.
Also mache ich das auch zur Belustigung des gesamten Verkaufspersonals und zücke mein Handy. Nicht, dass ich die Bilder bis jetzt gebraucht hätte. Aber man weiß ja nie.

Überhaupt hält man mich in der Metzgerei für einen etwas merkwürdigen, aber doch harmlosen und fröhlichen Gesellen. Das liegt nicht nur an meinen sonderlichen Einkaufswünschen, das liegt auch am Geplauder zwischen der Inhaberin, ihren Mitarbeiterinnen und gegebenenfalls mir bekannten anderen Kunden im Verkaufsraum.
Ultracoole Menschen im heranwachsenden Alter mögen das vielleicht extrem peinlich finden, wenn man beim Einkaufen den einen oder anderen Scherz macht. Mich stört das weniger. Im Gegenteil. Auch Kunden können ihren Teil dazu beitragen, als Stammkunden wahrgenommen zu werden und sich damit mal die eine oder andere Vergünstigung zu verschaffen, zum Beispiel eine Scheibe zum Probieren.

Außerdem ist es nicht meine Art, muffelnd und grummelnd auf die Waren zu starren, bis ich bedient werde und dann auch nur das Nötigste von mir zu geben; also den Einkaufszettel nach und nach vorzulesen. Solche Kunden gibt es nämlich auch. Aber das ist ein anderes Thema. Hier geht es um Ossobuco. Das nämlich steht öfters bei uns auf dem Einkaufszettel. Ossobuco ist eine Beinscheibe vom Kalb inklusive Knochen. Ossobuco heißt zunächst mal nichts anderes als Knochen mit Loch, und darum geht es auch. Mit diesen in Scheiben geschnittenen Kalbshaxen lässt sich ein wunderbares Schmorgericht zaubern. Ich esse es für mein Leben gern.

Nach dem Essen bleiben die Knochen auf dem Teller zurück und werden ihrer besonderen Verwendung zugeführt: Schildkrötenfutter. Die Knochen werden fein säuberlich ausgekocht, anschließend von allen Fleisch- und Geweberesten befreit und irgendwann den Schildkröten ins Gehege gelegt.

Meine Tiere stürzen sich immer wieder mit großer Begeisterung auf die Knochen, nagen daran herum, nehmen so zusätzlich Calcium auf und halten vor allem ihre Schnäbel kurz. Lange Verwachsungen des oberen Schnabels über den unteren hinaus, die ausschauen wie Papageienschnäbel und entstehen, wenn die Tiere nur viel zu weiche Kost fressen und sich ihre Schnäbel nicht wetzen können, sind also Fehlanzeige.

Blöd ist nur, dass sie diese kleinen Knochenstückchen mehr vor sich herschieben, als wirklich an ihnen zu nagen. Sie können sie halt nicht richtig festhalten, obwohl sie es mit ihren Vorderfüßen tatsächlich versuchen. Also verdrahte ich die Stücke mit Erdnägeln und Zeltheringen. Jetzt können sich die Schildkröten problemlos an ihnen die Schnäbel wetzen und langsam aber sicher den Knochen abschaben. Mit der Zeit werden die Knochen durch Wind und Wetter immer poröser, und es geht immer einfacher für die Schildkröten. Nach und nach verschwindet ein Stück nach dem anderen, und ich muss neue Knöchelchen auslegen.

Für mich gehört das zur naturnahen Haltung. Auch in den Gebieten, in denen Schildkröten leben, finden sich Knochen von verendeten Tieren. Obwohl ich selbst es noch nicht habe beobachten können, haben mir Schildkrötenfreunde erzählt, dass sie es selbst schon in den Habitaten gesehen haben, wie Landschildkröten an Knochen nagen.

Vor allem Herta und Berta sind ganz wild auf Ossobuco. Nur Luise hält sich da vornehm zurück: Sie kennt dieses niedere Verhalten wie Gier offensichtlich nicht. Doch eine Königin?

Davon erzähle ich auch Frau Claudia, als ich bei einem Einkauf darum bitte, ob sie mir beim nächsten Mal einen Sack mit Kalbsknochen zurücklegen kann.

Natürlich macht sie das und reicht mir eine Woche später eine prall gefüllte Tüte über den Tresen.

Und das kommt öfter mal vor. „Ich hab

wieder was für Sie“, sagt Frau Claudia und wieder bringe ich Leckerlis für meine Schildkröten mit nach Hause.

„Ah – da wird sich Ihr Hund aber freuen“, kommentiert eine andere Kundin. Ich nicke und sage: „Das denke ich auch!“

Denn ich halte es in diesem speziellen Fall für einfacher, sie in dem Glauben zu lassen, wir hätten einen Hund daheim. Hätte ich nämlich geantwortet, dass die Knochen für die Schildkröten sind, dann hätte sich vermutlich die Kundin „vereimert“ gefühlt. Und wer mag das schon?

Ich hätte dann wieder lang und breit erklären können, wieso und warum ich meinen Schildkröten Knochen vorwerfe. Und das dauert. Aber Frau Claudia möchte um 12 Uhr zusperren. Da nehme ich doch lieber Rücksicht.

Ossobuco-Knochen werden, nachdem sie gereinigt wurden, trotzdem nicht sofort ins Gehege gelegt. Ich fädle die Knochen auf eine etwas festere Nylonschnur und hänge sie eine Zeitlang in die Sonne. Das bleicht sie. Die rote Farbe vom Schmoren in der Tomatensauce geht dabei ebenso verloren, wie das ganze Aroma der Gewürze und des Weins, in denen das Ossobuco gelegen hat. Noch immer bin ich bei uns der Feinschmecker und der Genießer italienischer Küche – und nicht unsere Reptilien.

Und wenn die Knochen einmal aufgehängt sind, dann kann es gerne schon mal ein paar Wochen, manchmal sogar Monate dauern, bis ich sie endlich entferne und in den Gartenschuppen in eine offene Schachtel räume oder gleich im Gehege verteile.

Die aufgehängten Knochen sehen für Fremde etwas merkwürdig aus, das muss ich zugegeben. Eine Kette mit vielen Knochenstücken, die lustig in der

Sonne auf unserer Terrasse baumelt, ist nun nicht ganz das, was man im Dorf zu sehen bekommt. Der eine oder andere hängt vielleicht mal ein Windspiel auf, eine tibetische Fahne oder einen Traumfänger ... aber Knochenketten?
Nein, liebe Nachbarn, Briefträger, DHL-Boten, Haustürverkäufer und Spendeneintreiber, die ihr die Knochen in unserem Garten habt hängen sehen: Das hat nichts mit Voodoo zu tun, nichts mit okkulten oder satanistischen Ritualen. Hier wohnt auch kein Schamane, der sonderbare Heilmittel herstellt, auch kein entfernter Nachfahre eines Mongolen, der mit Hilfe von Tierknochen Zukunftsschau betreibt.
Wobei Tierknochen-Orakel ja eine bis auf die Steinzeit zurückzuführende Tradition darstellt, die ein wenig in Vergessenheit geraten ist, mit der man sich aber vielleicht mal wieder beschäftigen könnte. Ich habe das vor langer Zeit mal in einem Film gesehen und war schwer beeindruckt.
Archäologische Funde haben übrigens bestätigt, dass in alter Zeit in China auch Bauchplattenknochen von Schildkröten zu Orakelbefragungen verwendet wurden. Vielleicht lassen wir das dann doch lieber und ich beschränke mich auch weiterhin auf Orakelsprüchen in der Art, welche der beiden im Gehege liegenden Hibiskusblüten zuerst gefressen wird. Und von welchem Tier, um daraus das Ergebnis eines anstehenden bedeutenden Fußballspiels vorhersagen zu können. Und wer das entscheidende Tor schießen wird. Solche Weissagungen funktionieren nämlich genauso wenig. Aber das ist ein anderes Thema.
Dass also Knochen bei uns zum Trocknen und Bleichen aufgehängt werden, ist ganz normal, wenn auch für manche Schildkrötenhalter überraschend. Hin und wieder veröffentliche ich Bilder dieser osteologischen Arrangements im Internet in Schildkrötengruppen, und muss danach regelmäßig und ausführlich erklären, warum ich das mache ... und wie.

Dabei ist die Antwort doch ganz einfach: Die Schildkröten lieben das. Das glauben Sie nicht? Dann fragen Sie Frau Claudia. Der habe ich das nämlich bereits erklärt.

21

MONSTER, WOHIN MAN BLICKT

Die Halter von Wasser-, Sumpf- und exotischen Schildkrötenarten mögen dieses Buch etwas einseitig finden: Es geht fast nur um Griechische Landschildkröten. Der Grund ist einfach: Ich halte nur diese Art.

Zwar bringe ich von Tagungen und Workshops, Vorträgen und Zoobesuchen immer wieder Begehrlichkeiten mit nach Hause, auch andere Schildkrötenarten haben zu wollen – aber die Vernunft und der Verstand gehen hier ein unzerbrechliches Bündnis ein. Kein Platz, keine Zeit und manch weitere Gründe sind es, warum ich es mir versagt habe, Zackenerd-, Spalten-, Diamant- oder Dosenschildkröten zuzulegen. Begeistern könnte ich mich schon für all diese Arten. Mit Wasserschildkröten hingegen konnte ich mich nie richtig anfreunden, aber davon später mehr.
Bisher endete mein Wunsch, mir diese Arten anzuschaffen, immer damit, dass ich mir zunächst einen Ratgeber gekauft, mich in die Haltungsbedingungen eingelesen und letztlich doch gegen die Anschaffung entschieden habe. Sonst gäbe es vermutlich neben den bereits genannten Schildkrötenarten auch Feuersalamander, Pantherchamäleons, Eierschlangen, himmelblaue Zwergtaggeckos, Schmuckhornfrösche und was weiß ich nicht alles für Amphibien und Reptilien bei mir daheim … und sicherlich einen Scheltopusik, denn für diese Schleichen begeistere ich mich seit langem schon. Aber Vernunft und Verstand sagen: „Nein!“, und beide haben Recht.
Vernunft und Verstand sind es übrigens auch, die mir angesichts der vermeintlichen Bestien in heimischen Gewässern ein Grinsen ins Gesicht zaubern. Da ich neben meiner Leidenschaft für Schildkröten auch eine große Leidenschaft für das Schwimmen in freien Gewässern hege, würde es mir ansonsten auch übel ergehen. Denn unter mir lauert – würde ich meiner Fantasie freien Lauf lassen und die unzähligen Presseberichte von Alligatoren, Krokodilen und Lotti, der angeblichen Alligatorschildkröte im Allgäu glauben – das Monster aus der Tiefe. Und nicht nur eines.

Selbst die Sorge vor der heimische Flora und Fauna versetzt heutzutage viele Menschen offensichtlich in Angst und Schrecken. Das Verhältnis des modernen (Stadt-) Menschen zu wildlebenden Tieren scheint mehr und mehr gestört oder zumindest in ein Ungleichgewicht gebracht. Die einen rufen die Polizei, weil sich ein großer Regenwurm durch den Salat bewegt, weil sie denken, es sei eine Schlange. Die anderen verfallen in hysterische Ängste, weil Wölfe auf dem Vormarsch sind und sie sich um Leib und Leben bedroht fühlen. Im Gegenzug halten Kinder zunehmend zutraulichen Wildschweinen trockenes Brot hin und wundern sich, wenn sie in die Finger gebissen werden, weil das Tier danach schnappt.

Viel Wissen scheint nicht mehr vorhanden zu sein – warum auch: Bekanntlich töten drei Pferde eine Hornisse (oder war's andersherum?), das reicht an Wissen im Umgang mit freilebenden Tieren … Was auf dem Land gilt, scheint sich im Wasser 1:1 fortzusetzen, vielleicht sogar noch stärker, weil wir Menschen eben keine Wasserbewohner sind. Wir bewegen uns mehr oder weniger schutzlos im unsicheren Terrain und sind den Bestien und Monstern, die in der Tiefe des Badeweihers auf uns warten, schutzlos ausgeliefert. So zumindest gaukelt es ihnen ihr Gefühl vor.

Aufgepumpt mit Bildern aus Hollywood-Filmen von „Anakonda" bis zum „Weißen Hai" oder „Piranha" und sommerlochfüllenden Presseberichten von tödlichen Schlingpflanzen und Schnappschildkröten füllt sich die Fantasie mit immer neuen schauerlichen Bildern. Dabei sind die tödlichen Gefahren in unseren Gewässern oft nur Ausgeburten des eigenen Kopfkinos. Kein einziges heimisches Tier attackiert einen Schwimmer, weil es in ihm eine potentielle Fressbeute sieht: Nicht mal der sagenumwobene Waller steigt aus dem Schlamm hervor. Und der berüchtigte Hecht im

Karpfenteich beißt auch nur zu, wenn ich ihm meinen Fuß direkt vors Maul auf den Bodengrund stelle und das Tier nicht mehr fliehen kann.

Das hindert die Medien aber nicht daran, in gewohnt blutrünstiger Manier von Hechtattacken auf Menschen zu berichten: ein Raubfisch, der auf fette Beute lauert. Vor einem ausgesetzten Krokodil im Bochumer Kemnader Stausee wurde gewarnt, Passanten sollten doch sicherheitshalber ihre Pudel anleinen, denn wenn ein Krokodil plötzlich angeschossen kommt, ist es um den putzigen Vierbeiner geschehen. Gesehen hat freilich das Tier niemand.

Sommerlochstoff ist das, nichts weiter.

Natürlich wäre es töricht, wegdiskutieren zu wollen, dass es Schildkrötenhalter gibt, die sich gern ihrer Lieblinge entledigen. Wenn die Reptilien mal eine gewisse Größe erreicht haben und nicht mehr im Aquarium im Wohnzimmer genug Platz haben, dann landen nicht wenige von ihnen in Seen, Weihern, Flüssen, Teichen, in Brunnen und Gräben im Zoo. Das betraf, als sie noch legal eingeführt werden durften, vor allem Rotwangenschmuckschildkröten, von denen man heutzutage weiß, dass sie sich auch in den kühleren Teichen und Tümpeln in Europa vermehren. Zumindest für die Länder der Alpensüdseite ist dies mittlerweile nachgewiesen und damit gehören sie nun tatsächlich zu den invasiven Tierarten. Es gibt allerdings auch in Deutschland genug Gewässer, in denen man im Sommer Rotwangenschmuckschildkröten beobachten kann, wenn sie auf treibendem Holz oder herunterhängenden großen Ästen in der Sonne sitzen und sich wärmen. Nicht wenige Spaziergänger empfinden bei diesem Anblick große Freude: Wie schön es doch in der Natur ist, wie ursprünglich, wie idyllisch gerade dieser Fleck. „Schaut her. Hier gibt es sogar Schildkröten …“. Dass das keine

heimische Art ist sondern eben doch ein „böser, hinterlistiger“ Faunenverfälscher, steht auf einem anderen Blatt, und nicht wenige der Spaziergänger wissen das auch nicht. Für sie zählt nur, dass sie Schildkröten gesehen haben.

Die berühmte Alligatorschildkröte Lotti hingegen haben sie nicht gesehen – niemand hat das. Womit ich nicht in Abrede stellen möchte, dass es nicht theoretisch möglich sein kann, dass es das Tier wirklich gibt oder gegeben hat. Warum sollte sich nicht auch jemand mal einer Alligatorschildkröte entledigen, noch dazu, da es durch entsprechende Haltungsverbote ein großes Problem darstellen könnte, das Tier regulär an einen anderen Schildkrötenfreund abzugeben? Immerhin ist die Haltung von Geier- und Schnappschildkröten, die zu der Familie der Alligatorschildkröten gehören, ja hierzulande nach Bundesartenschutzverordnung verboten. Aber Tiere werden ja in großen Massen ausgesetzt, warum nicht also auch einmal eine Alligatorschildkröte?

Trotzdem bleibt meine Skepsis angesichts dieser medial aufgebauschten Horrortier-Sommerloch-Geschichten, denn ihnen ist zumeist eines gemeinsam: Die wenigsten der mutmaßlich vorhandenen Tiere wurden tatsächlich von jemandem gesehen und zweifelsfrei als solche identifiziert. Hingegen gesehen haben wollen sie allerdings viele – irgendwo in der Ferne, eine Silhouette, ein Schatten im Wasser. Wie üblich bleibt die Suche erfolglos und irgendwann hat sich das Ganze dann auch wieder erledigt. Meist wie von selbst, wenn nicht ein Halter selbst zugibt, dass ihm das Tier abgehauen ist – wie damals Kaiman Sammy oder die Kobra in Mülheim.

Also: Kein Grund zur Panik und schon gar keiner zur Hysterie – schon gar nicht vor Lotti.

22

BİER MİT MİLCH

Meine Schwägerin und mein Schwager haben einen sehr schönen Garten. Meine Schwiegereltern auch. Und auch mein Bruder, und unsere Freunde im Neubaugebiet, und die Nachbarn hinterm Haus … Viele Menschen haben wirklich schöne Gärten: Liebevoll und mit viel Mühe legen sie Beete und Wege an, pflegen ihren Rasen, pflanzen Obststräucher oder Rosen, heben einen Teich aus, bauen einen Frostschutz für Tomaten. Aber wo sind die Schildkröten?

Außer uns hält niemand im Familienumfeld oder engeren Freundeskreis diese faszinierenden Tiere. Das ist natürlich in Ordnung, aber irgendwie auch schade. Denn sie alle haben Gärten, in denen sich ein Gehege perfekt integrieren ließe.

Und so sitze ich mal hier, mal dort auf der Terrasse bei Kaffee und Kuchen oder Grillfleisch und Bier. Die Gespräche kreisen um die verfehlte Politik, die letzten Fußballergebnisse, das Zwicken und Zwacken in den Gelenken oder um das sagenumwobene „Früher". Das kennen Sie: Das war damals, als alles besser war. Langsam wandern meine Augen durch

den Garten. Dahinten neben dem Schuppen würde sich ein Schildkrötengehege so gut machen. Die Sonne steht schon seit Stunden auf dieser Ecke. Strom ließe sich vom Schuppen herüber ziehen. Der Platz ist von der Straße aus nicht einsehbar und er ist wunderbar gut eingewachsen – das ist doch perfekt. Nun gut, den Kirschlorbeer würde ich entfernen, aber die Funkien könnten bleiben. Und auch die Fette Henne, die Rosen und der Lavendel machen sich in dem neuen Schildkrötengehege sehr gut.

Fazit: Das Gehege wäre schnell gebaut. Gedanklich bin ich schon längst dabei. Die Landschaftsplaner und -gärtner, Frühbeetbauer und Elektriker haben in meiner Fantasie bereits losgelegt. Und der innere Bauleiter, der genau kalkuliert was das nun eigentlich kostet, hat auch schon seinen Rechner gezückt. Ich schätze, wie viel Einzäunung ich brauche, wie viele Pfosten, überlege, wo am sinnvollsten das Frühbeet oder ein Gewächshaus hingestellt werden könnte und schaue mich unauffällig nach der Gartenbeleuchtung um. Denn da ist Strom. Von dort müsste das Kabel nur weitergeführt werden.

Warum sitze ich noch hier? Ab in den nächst gelegenen Baumarkt.

Gärten meiner Mitmenschen beurteile ich – trotz freundlicher Anerkennung meinerseits für geschätzte 150 verschiedene, edelste Pfingstrosenarten oder ein Meer aus Tulpen und Narzissen – vor allem danach, ob man in ihnen Schildkröten halten könnte, und wie das am besten zu bewerkstelligen wäre. Der Rest – also Ziergarten, Obstbäume, Wiese, Teich und Deko – ist verzichtbare Nebensache. Vor allem die ganzen edlen Rosen müssen weg.

Nicht, dass Rosen in einem Schildkrötengehege für die Tiere eine Gefahr darstellen – das ist es nicht. Aber ich habe schlicht und ergreifend keine Lust, unter

den Dornen nach Herta, Sisi oder Luise zu suchen. Das kann nämlich ganz schön wehtun. Schade, meine Lieben. Ihr hattet Euch so viel Mühe mit der Gloria Die gegeben. Sie duftet auch wirklich wunderschön. Aber hier kommt jetzt das Schildkrötengehege hin.
„Der Teich ist toll“, lobe ich stattdessen und ergänze in Gedanken, dass leider die Uferzone viel zu steil ist, für Sumpfschildkröten also eher ungeeignet, es müsste nachgearbeitet werden. Das werde ich allerdings nicht aussprechen.
Die Freunde freut's, sie haben sich wirklich viel Mühe mit ihrem Garten gegeben. Viel Liebe steckt darin. Aber eben keine Schildkröte. Das muss besser werden. Denn Mühe allein genügt nicht, wie die Älteren der Leserinnen und Leser sich vielleicht aus einer Kaffeewerbung erinnern mögen.
Derweil ich also den Teich bewundere, modelliere ich in Gedanken schon wieder an fremdem Eigentum herum. Pflanzen werden entfernt, eine Auframpung wird geschaffen, damit der Teich sumpfschildkrötentauglich wird.
Nicht viel anders als in den Gärten geht es mir in den Wohnungen. Der erste Blick wandert übers Bücherregal, selbstverständlich mit der gebotenen Diskretion. Aber dann bleiben meine Augen auf einem wunderschön blühenden Weihnachtskaktus auf der Fensterbank hängen. Die erste Blüte ist schon welk und droht herunterzufallen. Da weiß ich schon jetzt, wer die gerne fressen würde. Peinlich wäre es danach zu fragen, ob ich die mitnehmen darf. Also lasse ich es. Stattdessen registriere ich, dass mit wenigem Verrücken der Möbel Platz für ein schmuckes Terrarium im Wohnzimmer wäre. Oder draußen im Treppenaufgang. Geeignete Plätze in anderer Leute Behausungen zu suchen, ist nämlich auch eine nette Sache. Man müsste nur vielleicht das Fenster etwas verdunkeln wegen der direkten Sonneneinstrahlung, dann das Klavier auf die andere Seite, den Sessel entfernen und den Flachbildschirm umhängen, vielleicht dahin, wo das alte gerahmte Plakat hängt. Aber das kann sowieso weg, schön ist das ja nicht. Und schon passt das.
Laden Sie mich nie ein, wenn Sie nicht wollen, dass ich bei Ihnen alles durcheinander bringe.
Gehen wir verdauenderweise ein Ründchen durchs Dorf oder machen mit Freunden oder Verwandten einen Spaziergang in deren Wohngebiet, dann schweifen die Augen auch umher. Unverhohlen schaut jeder jedem in die Gärten, wenn nicht meterhohe Zäune und Hecken wie in Grünwald den neugierigen Mitmenschen die Sicht versperren.
„Ah – ein Frühbeet“, bemerke ich. Die Enttäuschung folgt sofort: „Och … nur Gemüse drin. Dabei wäre doch der Garten auch wunderbar geeignet.“
Grundstücke werden auf ihre Bebauung, Südlage, den Schattenwurf des Hauses hin beurteilt, freie Baugrundstücke nicht nach Quadratmeterpreis sondern nach Schildkrötentauglichkeit bewertet.

Die anderen Spaziergänger üben sich in Konversation, ich in Gehegeplanung – wie eben jetzt auch auf der Terrasse.
„Möchtest Du jetzt ein Bier?", fragt einer und ruft mich aus den Gedanken zurück in die Realität.
„Hmmm ...", überlege ich, das schindet Zeit. „Was hat der gerade gefragt? Was will der von mir?"
Ein kurzer Blick: Stimmt, wir sind bei Freunden und waren beim Kaffee. Das Geschirr steht ja auch noch auf dem gedeckten Tisch. Anschließend soll gegrillt werden.
„Ja gerne", antworte ich. Das freut den Gastgeber und entlarvt mich vielleicht nicht als mental abwesend.
„Hat er mir einen Kaffee angeboten?", ist der nächste Gedanke. Vermutlich. Wird wohl so sein. „Mit Milch."
„Ok, ein Bier mit Milch für den Herrn, den ich gerade geweckt habe", antwortet der Gastgeber und schüttelt sich vor Lachen.
Wir waren wohl doch schon mit Kaffee durch und beim Bier angekommen. Zu blöde aber auch.

Und warum stört der mich überhaupt?
Wo ich doch gerade zusammengerechnet habe, dass er für rund 300 Euro hier ein fantastisches Gehege in seinen Garten setzen könnte – Tiere nicht eingerechnet.

23

Ei ... Ei ... Ei

„Deine Schildkröten haben den ganzen Nachmittag so komisch gequietscht und geröchelt", erzählt mir meine Nachbarin, als ich abends von der Arbeit heim komme und sie mich am Gartenzaun sieht. „Vielleicht solltest Du mit ihnen mal zum Tierarzt fahren ..."
„Keine Sorge", beruhige ich sie. „Das ist ganz normal, die sind nicht krank. Im Gegenteil: Die sind höchst agil."
Sie versteht nicht.
„Das sind Paarungsgeräusche", erkläre ich ihr und sie lacht. „Die Männchen pressen die Luft aus ihrem Körper, daher das Fiepen."
Das konnte sie nicht wissen, für sie sind Schildkröten stumme Wesen, was ja eigentlich auch stimmt. Die Tiere haben keine Stimmbänder, bis auf diese Paarungsgeräusche geben sie keinen Ton von sich – zumindest, keinen für uns Menschen wahrnehmbaren. Das Geflüster, von dem ich zuvor schrieb, natürlich einmal ausgenommen.
Umso heftiger sind allerdings diese Paarungslaute, die bisweilen bis in unser Schlafzimmer dringen und mich zu der Bemerkung verleiten, meine Frau könne froh sein, dass wir keine Schildkröten seien. Sie muss nicht vor mir davon rennen, ich werde ihr nicht in die Beine beißen, um sie zum Anhalten zu bringen und mein Interesse zu bekunden ... aber lassen wir das.
Zum lauten Fiepen unserer zwei agilen Schildkrötenkerle kommt das klackende Geräusch der aufeinander schlagenden Panzer, das mir immer wieder ein wenig vorkommt, als schlüge man zwei halbleere Kokosnüsse leicht gegeneinander.
Nun geht es bisweilen in unserem Gehege turbulenter zu als auf der Reeperbahn in St. Pauli – zwei Kerle, vier Mädels, von denen zwei nicht so wirklich im Fokus der Männer sind. Da muss man als Halter bisweilen einschreiten. Mit wenigen Handgriffen lassen sich zwei Teile des Geheges abtrennen, so dass ich vorübergehend drei kleinere Einzelgehege zur Verfügung habe, was bei übersteigerter Lustbarkeit von Dr. Jekyll und Mr. Hyde bzw. demonstrativem Desinteresse von

Sisi, Luise, Herta und Berta durchaus hilfreich ist. Da kann dann der eine oder andere Kerl (oder beide) schnell mal das buchstäbliche Brett vor dem Kopf haben, wenn er sich wieder aufmacht, eines der Weibchen zu beglücken. Wo gerade noch der Weg zur Holden frei war, steht plötzlich eine unüberwindbare Barriere.

Währenddessen kann die so bedrängte Sisi sich der zweitschönsten Nebensache der Welt widmen, ohne dass ihr so ein erregter Wüstling ständig auf den Leib steigt: der Nahrungsaufnahme. Oder einfach nur einem Sonnenbad.

So eine vorübergehende Trennung wirkt auch Wunder, wenn Dr. Jekyll und Mr. Hyde klären wollen, wer denn eigentlich das Sagen in Haus und Hof hat. Sie geben sich da beide nichts. Wochenlang, fast monatelang gehen sie friedlich und grußlos aneinander vorbei. Dann aber reitet sie der Teufel und sie gehen aufeinander los. Das ging so weit, dass Mr. Hyde seinem Bruder Dr. Jekyll eine Bissverletzung am Hals zufügte und wir zum Tierarzt mussten. Schlimm war es dann doch nicht. Eine Behandlung mit Betaisodona -Salbe und die Kerle trennen: Dabei hatte Mr. Hyde sich schon längst wieder beruhigt und betrachtete seinen Bruder mit keinem weiteren Blick. Denn er hatte ja klargestellt, dass er der Boss ist und sich längst wieder Sisi zugewandt. Dass Sisi fast doppelt so groß ist wie er, stört ihn dabei weniger.

Sisi, die noch immer Alex gehört, aber seit Jahren zusammen mit meinen Tieren in meinem Garten lebt und auch bei

unserem Landratsamt ordnungsgemäß angemeldet ist, war dann auch die erste, die Eier legte.

Das erste Mal fand ich die Eier, die sie achtlos auf ein paar Steine gelegt hatte, erst, als ich fast darauf getreten wäre. Es ist nicht ungewöhnlich, dass die ersten Gelege nicht eingegraben werden. Und so lagen fünf Eier zwischen hellen Kieselsteinen in der Sonne und warteten buchstäblich darauf, dass mit ihnen etwas geschieht. Da es für mich das erste Mal war, dass eines meiner Tiere Eier legte, war ich natürlich nicht vorbereitet. Prophylaktisch wurde ein Brüter aus einem kleinen alten Aquarium errichtet, das ich halb mit Wasser füllte. In das Wasser legte ich eine alte Aquariumheizung, die ich zum Glück aufgehoben hatte, um es auf Temperatur zu halten. Anschließend stellte ich eine meiner geliebten Plastikboxen vom Metzger, die ich mit Sand gefüllt hatte, in das halb gefüllte Becken. Was anderes fiel mir auf die Schnelle nicht ein.

Die Eier wurden vorsichtig geborgen und in das Sandbett gelegt.

Zwei Tage musste es so gehen, dann war der Brüter, den ich über das Internet bestellt hatte, endlich da. Alex schickte ich ein Foto von der Konstruktion und den Eiern mit der Bemerkung „Freu Dich: Du wirst Vater!".

Alex freute sich auch, aber Vater wurde er trotzdem nicht: Die Eier waren nicht befruchtet. Da half auch ein noch so liebevolles, temperaturgenaues Inkubieren nichts. Irgendwann landeten sie dann im

Mülleimer. Es sollten nicht die einzigen bleiben. Im nächsten Jahr unternahm Sisi ein paar Probegrabungen im Gehege, um letztlich genau dort die Eier abzulegen, wie ich es mir von Anfang an gedacht hatte, als ich im Gehege einen kleinen Legehügel errichtete. Ich hatte Glück, dass ich die Eiablage beobachten und fotografieren konnte. Als Sisi endlich fertig war, grub ich die Eier wieder aus.

Und wieder stand ich vor der Frage. Soll ich die Eier bebrüten?
Schildkrötenhalterin Iris, mit der ich mich gern austausche, fand die Frage zwar nachvollziehbar, aber irgendwie auch komisch formuliert: „Ich hatte direkt das Bild vor Augen, wie du dich draufsetzt und wie ein Huhn die Schildkröteneier mit deinem „Boppes“ warm

Foto: Thorsten Geier

kuschelst …“, schrieb sie mir per E-Mail. Natürlich weiß sie als langjährige Halterin und Züchterin, wie Schildkröteneier ausgebrütet werden. Aber der Witz musste sein – zu Recht. Es tut immer gut, sich mit seinem Hobby selbst nicht zu ernst zu nehmen. Sonst würde man wohl kaum auf die Idee kommen, dass wir allesamt irgendwie Spinner sind. Auf das Bild, auf dem ich ein paar Schildkröteneier mit höchstem Körpereinsatz selbst bebrüte, wird Iris allerdings vergeblich warten. 90 Tage mehr oder weniger stillsitzen? Kommt ja gar nicht in Frage.

Das aber half mir letztlich bei der Entscheidung nur wenig weiter.
Zwei Herzen rangen in meiner Brust – letztlich habe ich mich entschieden, sie nicht in den Brüter zu legen und zu inkubieren, sondern zu vernichten.
Momentan möchte ich nicht züchten, da ich keinen Platz zur Verfügung habe die Tiere auf Dauer zu behalten und mir nicht antun möchte, für die Schlüpflinge geeignete Abnehmer zu finden. Viele Schildkrötenfreunde züchten, einige haben es mittlerweile auch eingestellt. Der Markt an Jungtieren ist übervoll. Da muss ich nicht auch noch aktiv werden.

Falls ich selbst wieder mal „Tiervater“ werden will, hole ich aus meinem Terrarium die Eier meiner Pfeilgiftfrösche und schaue, wie aus ihnen erst Quappen und dann Frösche werden. Die nämlich kann ich gut und gerne behalten. Ein freies Terrarium findet sich eben immer …

SCHRÖTEN, KRÖTEN, SCHILDITANTEN

Plastron, Oxyuren, Carapax, Nekrose, Hibernation, Femoralschilde, poikilotherm, aquatil, Kommentkämpfe, Sepsis, Zeitigung ... Verdammt noch mal, wovon reden die eigentlich?

Nicht selten schmeißen sich Schildkrötenhalter Wörter um die Ohren, dass denen, die sich nicht so gut auskennen, selbige gehörig schlackern.

Wie jedes Hobby ist auch die Tierhaltung gefüllt mit Fach- und Fremdwörtern, die Nichteingeweihte selten verstehen. Mit der Zeit lernt der, der ein neues Hobby ausübt, ein umfangreiches Vokabular hinzu – zumeist Wörter, die er in anderen Zusammenhängen nur selten brauchen kann. Bei Schildkrötenhaltern ist das nicht anders: Wann hat man je in einer normalen Unterhaltung Begriffe wie Carapax oder Plastron verwenden können? Und wer nicht gerade ein Kenner antiker römischer Schlachtformationen ist, wird auch das Wort Testudo immer nur mit Schildkröten in Verbindung bringen, aber selten mit dem Aufmarsch römischer Legionäre in der Testudo-Formation. In dieser hielten die Soldaten der ersten Reihe ihre Schilde nach vorne, die anderen die ihrigen über die Köpfe, so dass diese sehr stabile, „gepanzerte" Formation vor allem von Bogenschützen kaum angreifbar war.

Solche Aufmarschformationen kennt man von antiken Reliefs, hat sie aber vielleicht auch in einschlägigen Spielfilmen oder Geschichtsdokumentationen nachgestellt gesehen. Sogar in einem Asterix-Comic taucht sie auf.

Nun kann man natürlich auch mit der Kenntnis des Wortes und seiner Verwendung wenig punkten. Wie oft sitzt man schließlich mit Historikern zusammen? Hingegen dürfte der „Normalbürger" nicht unbedingt wissen, was eine Testudo ist und es ist sein allergrößtes Recht, es auch nicht wissen zu wollen – weil es ihn einfach nicht interessiert.

Auf der anderen Seite hat sich gerade im Internet eine Ansammlung von Synonymen für Schildkröten entwickelt, die nicht weniger verwunderlich ist: Panzerträger werden sie genannt (nicht

zu verwechseln mit Panzerechsen, nach denen in Kreuzworträtseln gefragt wird und dort meistens ein Krokodil, Alligator oder Kaiman gemeint ist. In seltenen Fällen – zur Verwirrung der Rätselrater – auch mal ein Gavial).

Zu den Panzerträgern gesellen sich die Panzerbrötchen und Rennsemmeln. Meist aber belassen es die digitalen Schildkrötenhalter in ihren Beiträgen bei Schildis, Schröten und Kröten.

Während die ersten zwei noch als diminutive Kosenamen erklärbar sind, ist die Verwendung des Wortes Kröte natürlich unsinnig. Denn Kröten gehören zu den Froschlurchen und sind Amphibien. Schildkröten sind natürlich ganz etwas anderes. Es nützt aber nichts, gegen die laxe Verwendung von Kröten an Stelle von Schildkröten anzuschreiben, will man nicht Gefahr laufen ein Besserwisser und Klugscheißer zu sein. Denn natürlich wissen die meisten es selbst, dass das nicht das Gleiche ist, aber das Wort Schildkröten hat beim Tippen nun mal sechs Anschläge mehr – und Zeit ist Geld. Schließlich erschließen ja auch die Leser aus dem Kontext, dass weder Wechsel-, noch Knoblauch-, noch Geburtshelfer-, noch Aga- noch sonstige Kröten gemeint sind. Warum also diese Erbsenzählerei?

Natürlich aus Besserwisserei.

Denn genau die regt die sogenannten Schilditanten fürchterlich auf, womit auch diese Gattungsbezeichnung für eine bestimmte Kategorie Mensch in diesem Buch Erwähnung findet. Schilditanten, die es übrigens beiderlei Geschlechts gibt, möchte ich im Zuge sprachlicher Vereinfachung aber auf die weibliche Form -tanten reduzieren. Die aber muss man einfach mögen, denn die mögen ihre Schröten dermaßen, dass sie mit großer Hingabe fast jeden Schritt und jedes angenagte Blättchen ihrer Lieblinge der digitalen Weltöffentlichkeit mitteilen. Ich mag das ja – ich nehme gerne Anteil am Leben anderer Leute Schildkröten, diskutiere eifrig mit, klugscheißere und arbeite damit unaufhörlich an meinem „Ruf".

Auch debattieren Schilditanten leidenschaftlich gern über jede noch so kleine Überwinterungskühlschranktemperaturabweichung (ich liebe übrigens auch Bandwurmwörter). Sie diskutieren jede Tierarztbehandlung, jede Futterpflanze und jedes dereinst in der Zukunft zu legende Ei ihrer Tiere oder der Schildkröten der anderen Schildkrötenfreunde aus, bis auch alles von allen gesagt wurde und dreißig Leute vierzig verschiedene Meinungen geäußert haben. Das ist auch völlig in Ordnung, aber da muss ich natürlich mit dabei sein.

Es gibt immer viel zu lesen und nicht selten eben soviel dazwischenzureden. Schilditanten machen sich Gedanken, was sie ihren Liebsten zum Geburtstag schenken und kaufen getrocknete Blüten oder reichlich überteuerte, markengeschützte Ableger des Kriechenden Schönpolsters als besonderes Leckerli. Die gleiche Pflanze, die man für einen Bruchteil des Preises in Gärtnereien kaufen kann, wird zur edelsten Delikatesse für Sittiche, Meerschweinchen und Schildkröten, sobald sie einen geschützten Markennamen trägt. Und dann wird sie bestimmt genauso liebevoll serviert wie einst Premium-Katzenfutter von einer Katzenmutti in der Fernsehwerbung. Sie erinnern sich, wie die Halterin erst voller Hingabe die Futterdose auf einen Porzellanteller ausleert und dann noch ein Stückchen Petersilie als Dekoration dazu legt?

Wie barbarisch muss es dann anmuten, wenn die Schildkröten die soeben teuer erworbene Pflanze in ihrem kleinen bunten Töpfchen umschmeißen, auf ihr herumtrampen und ihr in wenigen Minuten den Garaus machen? Auch von Sittichen wird sie förmlich zerrupft und von Nagern niedergemäht – kein Respekt gegenüber unseren Liebesgaben haben sie, unsere Tiere. Warum auch?

Wären zumindest die Tiere der europäischen Arten nicht im Dezember alle in der Winterstarre (zumindest sollten sie es sein), wer weiß, welche Weihnachtspräsente den Schildkröten zusätzlich gemacht würden. Hier ein neues Gewächshaus, da ein Gutschein für neue Sträucher, der einen Schröte einen neuen Legehügel, der anderen Schildi ein paar schmucke Dekorationselemente ins Gehege. Nun ja – jeder so, wie er es für richtig hält.

Und dann gibt es ja auch noch diejenigen, die der Meinung sind, man könne – wenn man von Schildkrötenmännchen spricht – die Tiere „Bock" nennen.

Wer regelmäßig im Internet in Gruppen oder Foren unterwegs ist, kennt vermutlich solche Äußerungen.

Für verschiedene Wild- und Haustiere allerdings gibt es Benennungsschemata, nach denen männliche und weibliche

Tiere sowie Jungtiere (bisweilen auch kastrierte Tiere und Tiergruppen) einen speziellen Namen erhalten.
Bei Pferden zum Beispiel heißt das vollständige Benennungsschema: Hengst – Stute – Fohlen – Wallach – Herde.
Bei Haushühnern heißt es Hahn – Henne/Huhn – Küken – Kapaun – Schar.
Die Wildschweinfamilie setzt sich aus Keiler, Bache und Frischling zusammen, im Verbund spricht man von einer Rotte.
Bei Rehen gilt das Benennungsschema Bock – Ricke/Geiß – Kitz – Sprung.
Nun gilt das Schema Bock usw. für Trughirsche und für Ziegenartige. Dazu gehören Steinböcke, Gämsen, Antilopen und Gazellen. Das bekanntestes Beispiel ist hier wohl der Springbock.
Und selbstverständlich gehören Schafe und Ziegen auch dazu: Von Schildkröten ist da nicht die Rede. Eine männliche Schildkröte heißt nämlich nicht Bock, ein weibliches Tier heißt ja auch nicht Ricke oder Geiß.
Das Jungtier schon gar nicht Kitz.
Und Bocksprünge machen sie auch nicht.
Ganz im Gegenteil.
Das weiß sogar jedes Kind.
Na ja – fast jedes.
Gern liest man übrigens auch von Russen, Mauren und Griechen, womit in der Regel Russische, Maurische und Griechische Landschildkröten gemeint sind. Wunderbare Stilblüten und sinnverfälschende Sätze entstehen, reißt man den einen oder anderen aus seinem ursprünglichen Zusammenhang: „Meine Griechen sind alle unter der Erde". „Mein Maure hat schon wieder einen Regenwurm gefressen". „Unsere Russen haben Würmer!" Den echten Griechen kann's egal sein: Die haben gerade ganz andere Probleme.

25

MANCHMAL SIND ES MISTVIECHER

Vermutlich haben die meisten Halter von Europäischen Landschildkröten so etwas es schon einmal erlebt: Man kontrolliert sein Gehege – eine Schildkröte fehlt.

Sofort spielt man in Gedanken alle Möglichkeiten durch:

Ist sie vielleicht doch irgendwie ausgebrochen und konnte die Gehegebegrenzung überwinden? Wurde sie Opfer eines Marders oder einer Krähe? Wurde sie vielleicht geklaut? Oder hat sie sich nur irgendwo im Gehege eingegraben? Und was heißt da eigentlich *nur* …? Das kann ja so nicht bleiben, vielleicht fällt im Winter ein halber Meter Schnee, vielleicht bekommen wir auch -20 °C und strengen Bodenfrost, das ist ja auch schon öfter vorgekommen.

Herta ist so eine Kandidatin, die gerne mal verschwindet und mir so das Leben manchmal schwer macht. Herta sondert sich des Öfteren ab und hat einen Querkopf, wenn es darum geht, abends ins Schlafhaus zu gehen. Dort gehört sie – so denke ich mir das – eigentlich hin. Den Sommer über ist das nicht wirklich ein großes Drama, aber jetzt, wo der Herbst gekommen ist und es zeitweilig abends schon empfindlich kühl wird, habe ich es lieber, wenn alle Tiere in der Schlafgrube übernachten. Nicht, dass ich mich beleidigt hinstelle und frage, für was ich dieses eigentlich gebaut habe. Ich möchte halt sicher sein, dass die Tiere, wenn es dann doch plötzlich kalt wird, sich nicht irgendwo draußen eingraben. Aber wie gesagt: Herta hat da ihre eigenen Vorstellungen.

Und so war sie vom einen auf den anderen Tag einfach weg …

Ich konnte relativ sicher ausschließen, dass sie aus dem Gehege ausgebüchst war, oder dass sie von einem Vogel oder einem Marder verschleppt wurde. Ebenso war ich sicher, dass sie nicht einfach von irgendwem aus unserem Garten geklaut wurde. Längst hatte ich natürlich im Gehege ihre Lieblingsverstecke abgesucht, dort, wohin sie sich gern zurückzieht, wenn Dr. Jekyll und Mr. Hyde etwas zu aufdringlich werden; dort, wo sie im Sommer Schutz vor zu viel Sonne und

manchmal auch vor zu viel Gewitterregen sucht. Fehlanzeige: Unter der von ihr so geliebten Segge war sie nicht, nicht unterm Lavendel und auch nicht unter dem ausladenden Rosmarin.
Blieb nur die Variante: Herta hat sich eingegraben. Um das zu überprüfen habe ich als allererstes das Schlafhaus komplett geleert, also etwa 100 Liter Erde-Sphagnum-Gemisch. Ein Eimer nach dem anderen wurde gefüllt und zur Seite gestellt, bis ich auf dem Grund angekommen war. Irgendwie wusste ich aber vorher schon: Da werde ich sie nicht finden. Immerhin war so die gesamte Erde des Schlafhauses schon mal gewendet und durchmischt worden. Das hatte also durchaus etwas Gutes.

Schritt zwei war, die Erde im Frühbeet abzusuchen, was keine so angenehme Arbeit ist. Das Frühbeet wurde vorübergehend von den Schildkröten evakuiert, und dann ging das Gebuddel los: Kopfüber und über den Rand gebeugt, und dabei vorsichtig mit einer alten Kindersandkasten-Plastikschaufel hantiert. Wie auch im Schlafhaus verwende ich beim Buddeln keine scharfkantigen Gartenschaufeln, die Verletzungsgefahr ist einfach zu groß. Auch hier blieb die Suche erfolglos, auch das keine große Überraschung. Wenigstens war dann hier die Erde auch mal aufgelockert, was den Pflanzen im Frühbeet sicher gut tut. Think positive – ok?
Blieb eigentlich nur das Ergebnis: Irgendwo im Gehege war sie „abgetaucht“. Also stand mir bevor, was man so gerne allen anderen Haltern in ähnlicher Situation rät: Suchen … suchen … suchen.
Gleichzeitig machte ich mir darüber Gedanken, was ich tue, wenn ich sie partout nicht finden würde. Denn das Suchen gestaltete sich ganz besonders schwierig. Vor einigen Wochen hatten wir eine wahre Wühlmausplage im Garten. Überall tauchten die Tiere auf, bzw. ihre Hinterlassenschaften: Löcher, Gänge, krümelige und lockere Erde. Ideal für Herta, sich nicht in den schweren Lehmboden graben zu müssen. Sie konnte überall sein. Und vor allem jede lockere feuchte Erde konnte von ihrem Eingraben stammen oder eben von einer der Wühlmäuse.
Stunden um Stunden bin ich auf allen Vieren durchs Gehege gerutscht und habe nach Herta gegraben. Ganz vorsichtig habe ich mit einem langen Erdnagel vom Zelten in der Erde herumgestochert. Meist ließ sich der stumpfe Metallstab leicht in die lockere Erde drücken. Spürte ich einen Widerstand, stoppte ich das Stochern sofort. Es keimte Hoffnung auf. „Herta, ich hab dich …“

Aber das war ein Irrtum. Ein vorsichtiger Stich daneben und dann noch einer: Der Erdnagel ließ sich ohne Widerstand in die Erde bohren. Er war vorher nur auf einen Stein in der Erde gestoßen. Gefunden habe ich Herta nicht.
Es folgte ein „Generalangriff“ auf die Gehegepflanzen, um das Suchen einfacher oder überhaupt erst möglich zu

machen. Gemacht hätte ich das sowieso, nur eben jetzt nicht. Auch hier das gleiche Ergebnis: Es nützte nichts. Diese Aktion war eigentlich blinder Aktivismus, das musste ich einsehen.

Herta blieb unauffindbar. Was tun?

Reduzierung des Gehegebewuchses: Das war das nächste Projekt. Pflanzen wurden ausgedünnt und zurückgeschnitten, um das Tier zu finden. Nötig war es sowieso – nur eben jetzt nicht.

Langsam wurde ich unruhig und etwas nervös. In meinem Kopf raste es. „Was, wenn ich sie wirklich nicht finde? Ich kann sie doch den Winter über nicht einfach in der Erde lassen. Nachts haben wir im Januar und Februar oft strengen Frost. Da hat sie gar keine Chance ...“

So sehr ich auch suchte: Sie blieb verschwunden. Ob sie vielleicht doch abgehauen war? Meiner Meinung nach war das Gehege ausbruchsicher. Aber da hat sich so mancher getäuscht. Und wenn doch ein Tier ... oder ein Dieb ...? Gedanken, die man lieber nicht zu Ende denkt. Auf jeden Fall beschloss ich, die Gehegeumzäunung noch einmal zu überprüfen und gegebenenfalls zu verbessern. Eine Lücke entdeckte ich, durch die sie sich möglicherweise hindurchgeschoben haben könnte. Ihre gleichaltrige und etwa gleichgroße Schwester musste zur Überprüfung herhalten. Aber Berta, die ich behutsam vor diesen Spalt setzte, wäre beim besten Willen nicht hindurchgekommen, also Herta dann wohl auch nicht. Wenigstens konnte ich ausschließen, dass sie ausgebüchst war.

Ein Ass hatte ich noch im Ärmel, um Herta wiederzufinden. Und genau das sollte am Ende stechen: Der Wetterbericht kündigte für das Folgewochenende noch einmal sehr warme und fast sommerliche Temperaturen an. Würde Herta dann nicht noch mal aus der Erde auftauchen, dann blieb mir wohl nichts anderes übrig, als Zentimeter um Zentimeter nach ihr zu suchen, was bei der Gehegegröße ein echter „Sch ...“ ist. Aber diese Sonnentage wollte ich erst noch abwarten. Vielleicht hatte ich ja Glück.

Tatsächlich war die Sonne meine Verbündete: Es wurde noch einmal sehr warm und am Samstag hockte Herta plötzlich wieder unter der Segge, genau dort, wo sie sich am allerliebsten versteckt.

Die Dreckspuren am Panzer waren deutlich. Herta war irgendwo im Gehege in die Erde gegangen, aber noch einmal hervorgekommen. Unbeteiligt und sich keiner Schuld bewusst starrte sie mich frech an (ok: Das ist natürlich nicht wirklich bei Wildtieren so, aber manchmal interpretiert man sich halt etwas zusammen).

Ich jedenfalls war heilfroh, sie wiedergefunden zu haben. Und jetzt hießt es, Herta wenn möglich daran zu hindern, sich wieder irgendwo im Gehege einzugraben. Mit einem einfachen Plattenstecksystem kann ich das Gehege der Größe nach auf die Hälfte oder auf ein Viertel reduzieren. Und genau das sollte vermutlich jetzt passieren. Denn dann dürfte die Suche nach Herta, sollte sie noch einmal auf eine solche Schnapsidee kommen,

einfacher werden. Dass sie durchaus gewillt ist, sich überall einzugraben, hat sie noch am selben Wochenende, an dem sie wieder auftauchte, eindrucksvoll bewiesen:
Schon wieder grub sie sich nicht im Schlafhaus in die Erde ein, stattdessen dieses Mal im kiesigen Teil des Geheges. Hätte ich es nicht zufällig gesehen, ich hätte sie wohl wieder eine halbe Ewigkeit lang gesucht. Denn dort, wo Herta in die Tiefe gehen wollte, ist der Boden hart und steinig. Zu ihrem Lieblingsversteck konnte sie nicht mehr. Die senkrecht stehenden Platten zur Gehegeverkleinerung versperrten ihr den Weg.
Nie hat sich vorher auch nur eine Schildkröte die Mühe gemacht, ausgerechnet dort ein Loch zu graben, wo Herta zu buddeln begonnen hatte. Also lag mir nichts ferner, als ausgerechnet dort unter den Sträuchern zu suchen.
Aber das Tier hat eben seine eigenen Vorstellungen – ein Dickkopf durch und durch. Rücksicht auf uns Halter, die sich Sorgen machen, die das halbe Gehege umgraben, um sie vor einem möglichen Erfrierungstod im Winter zu schützen, nimmt sie dabei nicht. Wie sollte sie auch? Herta ist ein Wildtier. Und das ist gut so.
Nachzutragen wäre, dass sich Herta nach wie vor mit schöner Regelmäßigkeit regelwidrig verhält und sich einfach im Erdreich verdrückt – einige Male habe ich sie tatsächlich mit meinem Erdnagel-Rumgestocher gefunden. Mittlerweile kenne ich halt ihre bevorzugten Versteckplätze. Das ist ein unschätzbarer Vorteil, denn das kann die Suche nach Schildkröten deutlich verkürzen.
Ein anderer Kandidat, auch so ein Mistviech, ist Mr. Hyde. Der nämlich macht seinem Namen alle Ehre. Hyde ist natürlich nur ein englischer Orts- und Nachname, der außer dem Klang mit dem Verb *to hide*, was dem Deutschen Wort *verstecken* gleichkommt, nichts gemein hat. Trotzdem wird der Witz, dass jemand, der Hyde heißt, sich gerne und oft versteckt, andauernd gemacht. Darum also auch hier.
Die Schildkröte, die Mr. Hyde heißt und ein Bruder des Jekyll ist, gehört zu den großen Versteckkünstlern und seit neuestem erwäge ich, sie zusätzlich mit dem Beinamen Morris zu versehen. Frank Morris ist bzw. war ein legendärer amerikanischer Ausbrecherkönig, dem 1962 die Flucht von der berüchtigten amerikanischen Gefängnisinsel Alcatraz gelang.
Ähnlich diesem Kriminellen hat es Mr. Hyde nicht nur geschafft, aus meinem gut verschlossenen Schlafhaus ins Frühbeet zu entkommen, sondern sich dort auch meinem Zugriff durch Flucht ins Freigehege zu entziehen.
Als ich im Herbst ein letztes Mal die Schlaf- und Überwinterungsgrube kontrollierte, waren alle Schildkröten anwesend. *Tutti completo* habe ich das Frühbeet verschlossen und die Überwinterungsgrube mit Laub aufgefüllt. Der Winter sollte kommen und er kam.
Im darauffolgenden Frühjahr aber war

Mr. Hyde wie durch Geisterhand verschwunden. Die ersten Schildkröten raschelten bereits im Laub, weitere Tiere fand ich eingegraben im Erde-Moosgemisch in ihrer Schlafgrube, nur eben Mr. Hyde nicht. Er war einfach nicht da.
Es half nichts, ich musste die ganze Grube leeren. Vielleicht hatte er sich nur sehr tief eingegraben und noch nicht mitbekommen, dass der Frühling angebrochen war.

Eimer um Eimer schaufelte ich die Grube leer, immer schön behutsam und vorsichtig mit einem abgebrochenen Frisbee, damit ich nur ja nicht den Panzer eines Tieres ankratze. Unfassbar, wie viel Erde in so eine Grube passt. Am Ende wusste ich kaum mehr, wohin damit. Erst als nur noch wenige Zentimeter Erde auf dem Boden der Schlafgrube lagen, hörte ich auf. Dort konnte er nicht sein. Aber wo dann?
Es blieb nur eine Erklärung: An den besonders warmen Tagen Anfang Februar war Mr. Hyde durch den offenen Übergang hinüber ins Frühbeet gekrochen, dort von der abendlichen Kälte erwischt worden und hatte sich zum Schutz in die Erde zurückgezogen. Nachdem im vergangenen Jahr dieser Übergang blockiert gewesen war und die Tiere schon dagegen rumpelten, hatte ich mich dazu entschlossen, ihn in diesem Jahr geöffnet zu lassen.
Es ist auch nicht das erste Mal, dass sich eines meiner Tiere im Frühbeet eingegraben hat. Also blieb mir nichts anderes übrig, als das gesamte Frühbeet nach Mr. Hyde zu durchsuchen. Nicht, dass ich gerade vorgehabt hätte, es komplett umzugraben; aber am Ende lief es genau darauf hinaus.
Am Folgetag montierte ich die Elektrik ab und begann erneut zu Buddeln – wieder ganz vorsichtig mit dem Frisbee und wieder füllten sich Eimer um Eimer, sowie zwei Mörtelkisten.
Bei jedem kleinen Widerstand dachte ich: „Jetzt hab ich Dich – Mistviech.“ Aber das war ein Trugschluss: Denn wieder war es nur ein Stein in der Erde.
Irgendwann stand ich im komplett ent-

leerten Frühbeet auf der Kiesschicht, von Mr. Hyde fehlte jede Spur.

Die Nervosität stieg, die Gedanken rasten. Wo war er?

War er vielleicht doch im Schlafhaus? Das Ganze doch noch mal ausgraben, dieses Mal vollständig?

Sicher ist sicher.

Ich füllte die Frühbeeterde zurück, installierte die Elektrik neu und brachte die Wasserschale an ihren Platz. Für die Neubepflanzung würde ich wohl mal wieder zur Gärtnerei fahren müssen.

Aber auch die zweite Grabeaktion im Frühbeet brachte nur die bereits durchgezählten anderen fünf Tiere ans Tageslicht. Das war der Moment, in dem einem plötzlich die irrsten Gedanken durch den Kopf gehen. Während ich das Schlafhaus wieder füllte, ratterte es unaufhörlich in mir: Ist das Tier geklaut worden? Ist es vielleicht doch im Freigehege? Wenn ja, wie ist Mr. Hyde hinausgekommen? Der Übergang war doch verschlossen. Hat er sich draußen eingegraben? Hat er den Winter überstanden?

Was wenn nicht? Wie erkläre ich das meiner Tochter, der schließlich das Tier gehört? Irgendwie rechnet man immer mit dem Allerschlimmsten – dem Verlust eines Tieres, weil der Halter zu sorglos und unachtsam war, sich richtig zu kümmern.

Es blieb nur, jetzt das Gehege abzusuchen. Zum Glück war der Winter 2015 auf 2016 nicht gerade kalt. Zwar hatte es immer wieder mal etwas Schnee gegeben, aber der war meist bereits nach ein, zwei Tagen weggeschmolzen – von strengem Frost keine Spur. Das ließ hoffen.

Lange musste ich draußen nicht suchen:

In unmittelbarer Nähe zum Schlafhaus wächst eine kleine Kiefer, ungefähr an der Stelle, an der morgens die erste Sonne ins Gehege scheint. Ein wenig versteckt ist der Platz und gut geschützt durch die Mauer, die das Gehege zum Nachbargrundstück abgrenzt. Und genau dort war Mr. Hyde, der Ausbrecher und Versteckkünstler. Er war nicht mal tief eingegraben. Die Kuppe seines Rückenpanzers ragte über die Erde, als ich die Zweige der Kiefer auseinander bog.

Vorsichtig grub ich ihn aus und hob ihn hoch, auf der einen Seite froh, ihn gefunden zu haben, auf der anderen Seite voller Sorge, ein totes Tier in der Hand zu halten.

Kopf und Beine waren ganz tief eingezogen, der mächtige Schwanz eng an den Körper gedrückt, dreckverkrustet der Kerl, kalt und stocksteif. Die Vorderkrallen ließen sich zumindest berühren. Ich fuhr mit einem Stöckchen dazwischen und bewegte es leicht. Nicht einmal das leiseste Zucken kam zurück. Einfach keine Reaktion mehr. So etwas kannte ich bisher nicht von meinen Tieren.

Ein Anflug von Panik und der daraus resultierenden Hektik kam auf. Was, wie ich weiß, völlig falsch ist: Wenn das Tier tot ist, muss ich jetzt auch nichts mehr überstürzen. Wenn nicht, dann schadet es mehr, als es nützt, das Tier mit Hochdruck aufzuwärmen, um zu schauen, ob es überhaupt noch lebt.

Behutsam reinigte ich Mr. Hyde mit einer alten weichen Zahnbürste und holte die gröbste Lehmkruste vor seinem Kopf und seinen Hinterbeinen aus dem Panzer. Danach setzte ich ihn, der immer noch keine Regung zeigte, in eine kleine Schüssel in die wärmende Frühjahrsonne: Nicht heiß, aber deutlich wärmer als das Plätzchen, wo ich ihn gefunden hatte. Jetzt blieb nur noch Bangen, Warten und Hoffen – und sich in der Zeit mit etwas anderem ablenken.

Über eine Stunde dauerte es, bis Mr. Hyde seine Vorderbeine einige Millimeter aus dem Panzer streckte. Mehr als eine weitere Stunde, bis sein Kopf wieder ein wenig zu sehen war.

Er hatte es überlebt. Mir fiel nicht nur ein Stein vom Herzen.

Noch immer weiß ich weder, wann genau er zum Ausbrecher wurde, noch wie er es geschafft hat, das Frühbeet zu verlassen und hinter sich wieder zu verschließen. Also weiß ich auch nicht, ob er schon seit Herbst oder erst seit Februar draußen in der Erde überwintert hat. Mr. Hyde hat Glück gehabt, genau wie damals der Alcatraz-Ausbrecherkönig Frank Morris. Aber einen Unterschied gibt es doch: Von Frank Morris hat man nie wieder was gehört oder gesehen. Niemand weiß, was aus ihm geworden ist und ob er überhaupt noch lebt.

Von Mr. Hyde weiß ich das. Und ich werde im kommenden Herbst wirksamer jeden Fluchtversuch meiner geliebten Mistviecher zu verhindern wissen. Das steht jetzt schon fest.

26

WINTER IM ANMARSCH

Das Schildkrötenjahr neigte sich mal wieder dem Ende zu. Nur noch selten ließ sich eines der Tiere im Gehege blicken; die meiste Zeit des Tages verbrachten sie im Frühbeet unter der Wärmelampe und dem Strahler liegend. Die Aktivitäten wurden weniger und weniger.

Es war klar: Lange würde es nicht mehr dauern und die Schildkröten würden sich in ihrem Schlafhaus, das gleichzeitig als Überwinterungsgrube dient, eingraben und den Winter über in der Kältestarre unter der Erde bleiben.

Irgendwann fragte ein Kollege, ob ich die Schildkröten schon eingewintert hätte. Ich verneinte und erklärte ihm, dass es noch nicht an der Zeit wäre.

„Und wenn es dann soweit ist, dann werden die Tiere das schon selbstständig betreiben.“

„Wie?“, fragte er irritiert. „Die klettern doch nicht selbstständig in den Gefrierschrank …?“

Offen gestanden fiel es mir nicht leicht, angesichts der Frage nicht einfach loszulachen.

Also erklärte ich ihm, dass sich meine Schildkröten im Erdreich auf den Winter vorbereiten, aber auch die Tiere anderer Halter nicht im Gefrierschrank sondern im Kühlschrank überwintern. Der Unterschied, aber das sagte ich nicht, beträgt mehr als 15 °C und sichert den Schildkröten das Überleben. Während Schildkröten zumeist bei 4 °C bis 6 °C überwintert werden, herrschen in den Gefriertruhen und -schränken gern mal frostige Temperaturen von rund -10 °C oder noch viel kälter.

Man würde die Schildkröten also regelrecht einfrieren – wie die Pizza, das Toastbrot, den Spinat oder das Hackfleisch vom Metzger. Das müsste einem eigentlich doch der gesunde Menschenverstand sagen, dass Tiere das nicht überleben können: Einfrieren … Und am Ende des Winters wieder auftauen?

Die Leute haben manchmal komische Ideen.

Dabei ist der Kollege nicht der Einzige, der der Ansicht war, Schildkröten würden im Gefrierschrank überwintern.

Halter wissen natürlich, dass dem nicht so ist, aber andere Menschen offensichtlich nicht, denn auch meine Frau wurde schon gefragt, wann denn unsere Schildkröten in den Gefrierschrank kämen.

Offensichtlich nehmen es einige Leute nicht ganz so genau mit den Elektrogeräten.

Dass Schildkröten und andere Reptilien, Amphibien und Fische lebend eingefroren werden, war früher nebenbei bemerkt gar nicht mal so selten und galt lange Zeit als bewährte Methode, erkrankte oder verletzte Tiere ohne Aussicht auf Heilung zu töten. Man war ja der Ansicht, die Tiere würden dabei keine Schmerzen empfinden – welch ein fataler Irrtum, wie mir eine Tierärztin einmal drastisch schilderte. Zum Glück haben sich die Zeiten geändert ...

Zurück zu meinen Schildkröten, die sich bester Gesundheit erfreuen: Als die im November ersten längeren Regenperioden zu Ende und alle Schildkröten in der Erde verschwunden waren, wurde es Zeit, das Gehege winterfest zu machen. Heizung und Beleuchtung im Frühbeet wurden endgültig abgeschaltet. Ein paar Pflanzen, die ich im Abverkauf im Gartencenter hatte erwerben können, wurden ins Gehege gesetzt. Zwei Säcke Kalk standen bereit, um vor dem nächsten Regen den Boden ordentlich zu kalken.

Nach einem Tag Arbeit war die Biotonne voll, denn Frauenmantel, Majoran, Goldröschen und andere Gewächse wurden kräftig zurückgeschnitten. Es fehlte nur noch das Laub, um den Luftraum über der Erde in der Überwinterungsgrube zu füllen.

Folglich ging es ab in den Wald. Ausgestattet mit Handschuhen, einer Laubharke mit kurzem Stiel und zwei großen Plastiktüten machte ich mich auf den Weg. Wir haben es nicht weit: Der Wald beginnt wenige hundert Meter hinter dem Haus. Man ist noch gar nicht zwischen den Bäumen verschwunden, da stehen einige riesige, uralte Buchen und ein paar Eichen am Wegesrand. Genug Laub, um die Säcke zu füllen.

Nun ist das so eine Sache mit dem Laub im Herbst. Viele Grundstücksbesitzer harken das Laub zusammen, verpacken es in große Säcke und bringen es zum Wertstoffhof. Das machen wir auch nicht anders. Die Blutpflaume vorne an der Straße, der Blauregen, die Zwergweide, der große Hibiskus im Schildkrötengehege, die Hecke aus Weigelie, Jasmin, Felsenbirne und Forsythie – sie alle leisten ganze Arbeit, und verteilen ihr Laub in großer Menge in unserer Einfahrt, auf dem Weg und auf der Wiese.

Das alles möchte ich nicht haben und ich möchte es auch nicht in die Überwinterungsgrube füllen. Da bin ich eigen. Die Blätter sind mir zu klein und vor allem zu weich. Die pappen viel zu schnell zusammen. Ich will das harte Laub von Eichen und Buchen, das Laub, das sich beim Trocknen wellt und Lufträume schafft, um die Überwinterungsgrube von oben zu isolieren.

Also schleppe ich dienstags und samstags säckeweise Laub zum Wertstoffhof, und das mehrere Wochen lang.

Aber ein wenig bizarr ist es schon, samstags eine Kombiladung mit Grünabfällen und Laub zum Wertstoffhof zu fahren, und dann sonntags säckeweise Laub aus dem Wald in unseren Garten zu holen, oder?

Aber ich will eben dieses Laub aus dem Wald. Eiche und Buche natur. Natürlich könnte ich das bequemer haben – und damit teurer. Laub kann man im Onlineversand kaufen, so unglaublich das klingt. 250 Buchenblätter kosten etwa fünf Euro – immerhin sind Buchenblätter eine beliebte Nahrungsergänzung für Garnelen, Zwergkrebse, Zwergflusskrebse und Schnecken. Nun gut.

„Das Herbstlaub sollte in keinem Aquarium mit Wirbellosen fehlen. Welse, Schmerlen, Barben und andere bodenbewohnende Fische freuen sich ebenfalls über diesen Leckerbissen“, preist ein Händler online genau das an, was andere Gartenbesitzer zur Weißglut bringt. Dahinter steckt nicht nur eine clevere Geschäftsidee. Es hat auch eine durchaus praktische Komponente: Menschen, die in ihren Stadtwohnungen Aquarien oder Terrarien stehen haben, können in der Tat in Verlegenheit kommen, an geeignetes Laub zu gelangen; ganz unabhängig davon, dass ein Wohnsilobewohner vielleicht gar nicht mehr weiß, wie ein echtes Buchenblatt aussieht, geschweige denn wo er in erreichbarer Nähe eine Eiche findet. Und selbst wenn: Kann er sich

sicher sein, dass das Laub dann nicht von Hundekot und -urin sowie Autoabgasen unbrauchbar geworden ist?
Sehen Sie? Ich habe für alles Verständnis. Aber es ist halt ein Unterschied, ob man die Blätter in kleiner Stückzahl verfüttert oder sie als Abdeckung für eine Schildkrötenbande während der Überwinterung benötigt. Da müsste ich wohl etwa 60 bis 80 Euro für Laub ausgeben, das knapp vier Monate die Grube schützt und anschließend in der Biotonne landet. Ein teures Vergnügen.
Wie schön, wenn man den Wald direkt vor der Nase hat. Laub liegt in Hülle und Fülle unter den Bäumen und ich überlege ein paar Minuten, warum ich nicht auch anfange, Säckchen damit zu verpacken und diese an Aquarianer und Weichtierliebhaber zu verhökern – und natürlich an Schildkrötenhalter, die noch ein wenig mehr spinnen, als ich das schon tue.

Ein Spaziergänger, der eine Runde mit seinem Hund drehte, schaute mir zu, wie ich Laub aufsammelte und in die Plastiktüten stopfte.

Er grüßt, als ich ihn bemerke und fragt interessiert, was ich da mache.
„Ich hole Laub für den Garten", antworte ich, und um weiteres Nachfragen ebenso zu verhindern und den Verdacht zu entkräften, dass der Mann mich vielleicht für einen Irren hält, erkläre ich ihm auch, wozu ich das Laub benötige.
„Das ist für meine Schildkröten."
„Ach … interessant. Für die Schildkröten. Fressen die denn das?", fragt er interessiert.
„Nein", antworte ich wahrheitsgemäß, „das nutzen sie, um sich darin den Winter über einzugraben. Die überwintern in der Erde unter dem Laub", erkläre ich dem Mann. „Das Laub deckt die Erde ab, damit es frostsicher ist. Ich will ja nicht, dass die erfrieren."
„Verstehe. So wie Igel?", fragt er.
„Ja, so ungefähr." Das ist zwar nicht richtig, aber auch nicht ganz falsch. Igel graben sich ja nicht in der Erde ein. Und den Unterschied zwischen Winterruhe, Winterschlaf und Winterstarre zu erklären, wäre jetzt eher mühselig. Also vermeide ich weitere Details. Vielleicht werde ich ja auch am Ende doch noch Laubhändler und mit dieser Geschäftsidee reich. Da muss ich ja nicht jetzt schon die Katze aus dem Sack lassen und Mitwisser schaffen, die mir am Ende zuvorkommen und die wertvollen Laubabbaugebiete im Urbansholz abernten.

So richtig kann der Mann sich das mit dem Überwintern nicht vorstellen, aber er fragt auch nicht weiter nach. Vielleicht hat er wirklich Sorge, dass ich etwas sonderlich bin. Oder er befürchtet, dass ich ihm ellenlang und umständlich erkläre, wie die Schildkröten überwintern. „Ein Bekannter hat auch eine Schildkröte", erzählt er mir. „Aber der überwintert die im Keller im Gefrierschrank …"
Nein, das tut er nicht. Ganz sicher nicht.

27

COOL BLEIBEN!

Überwintern von Schildkröten – oft eine schwierige, bisweilen sehr anstrengende und die Nerven belastende Sache, zumindest für uns Schildkrötenhalter.
Weil Europäische Landschildkröten zu den wenigen Schildkrötenarten überhaupt zählen, die den Winter unter der Erde verbringen, und diese Arten zu den mit Abstand am meisten gehaltenen Reptilien hierzulande gehören, ist die Vorbereitung auf die Überwinterung und die Winterstarre für viele Halter ein ganz großes Thema, das mit vielen Fragezeichen verbunden ist.

Jedes Jahr aufs Neue kommen die Fragen von besorgten Schildkrötenbesitzern in Foren und Facebookgruppen, welche Erde man verwenden soll, auf welche Temperaturen man seine Kühlschränke einstellen soll, wie oft man für Frischluft sorgen soll, wie man die Feuchtigkeit halten muss und so weiter … Hinzu kommen die vielen Fragen, ob die Schildkröten ihren Darm entleert haben sollten, wie man sie badet oder ob überhaupt und vor allem, wie das mit Erkrankungen während der Überwinterung ist.
Wer kann es ihnen verdenken, dass sie

beunruhigt sind? Oft genug berichten Schildkrötenhalter im Netz, dass sie bei einer Kontrolle der Tiere diese nur noch tot vorgefunden haben und sich vorwurfsvoll selber fragen, was sie falsch gemacht haben.

Ich nehme mich selbst da gar nicht aus. Zwar wird man Jahr für Jahr gelassener, aber eine gewisse Grundnervosität bleibt doch: Werden alle Schildkröten die Winterstarre unbeschadet überleben?
Zudem ist es nur schwer auszuhalten, zur Untätigkeit verurteilt zu sein. Denn es gibt nichts, was Sie in dieser Zeit Ihren Tieren Gutes tun können und genau das nagt: Was wäre wenn ... was könnte ich ... habe ich vielleicht ... sind die Tiere auch ... „Cool bleiben!“, möchte man gerne immer wieder antworten. „Cool wie Eure Schildkröten! Runterkommen, entspannen, sich mit anderem beschäftigen. Die Schildkröten brauchen Euch nicht.“

Aber das ist leichter gesagt als getan. Mir fehlt es auch bisweilen an dieser Coolness – immer noch, und das nach vielen Jahren.

Unsere erste Überwinterung werde ich nie vergessen. Wir hatten uns für die Kühlschrankmethode entschieden, einen solchen gekauft (siehe die Geschichte *Wofür das denn?*) und in unserem Schuppen im Garten aufgestellt. Nach umfangreicher Recherche im Netz und in zahlreichen Büchern erschien mir das so am sinnvollsten. Einen Moment verschwendete ich sogar den Gedanken daran, den Kühlschrank auf eine spezielle Matte zu stellen, dass er nicht unnötig vibriert, wenn das Kühlaggregat anspringt. Auch davon hatte ich im Netz gelesen, letztlich erschien mir das dann aber etwas zu viel des Guten.
Eine graue und eine blaue Plastikbox standen bereit. Beide waren mit Maulwurfserde gefüllt, was an sich schon eine

Herausforderung war, denn im Herbst waren Maulwurfshaufen eher selten zu finden. Im Wald hatte ich mir einen Sack Buchenlaub zusammengesucht. Auch den Tipp hatte ich aus dem Netz. Alles war bereit.
Der Herbst neigte sich dem Ende zu. Unsere beiden Schildkröten (damals noch Lilly und Kassiopeia genannt), wurden träge, fraßen kaum noch und ließen sich immer weniger im Gehege blicken. Die Zeit war gekommen.
An einem Wochenende setzte ich sie in die Boxen, deckte sie mit Laub zu und verfrachtete sie in den Kühlschrank. Beide Boxen wurden mit feuchten Küchenhandtüchern lose abgedeckt – so hatte ich es ganz oft im Netz in Schildkrötenforen gelesen, das alles konnte nicht falsch sein. Um den Kälte- und damit Energieverlust beim Öffnen des Kühlschranks in Grenzen zu halten (und ich öffnete ihn täglich voller Sorge, die Schildkröten könnten sonst ersticken), räumte ich alle freien Flächen mit Tetrapacks, Flaschen und allerlei anderen Lebensmitteln voll, die auf eine friedliche Koexistenz neben den Schildkröten hoffen ließen. Auch das sollte sichern, dass wir die Kühlschranktür auf alle Fälle oft genug öffnen mussten.
Es klang alles so gut. Aber es funktionierte nicht. Zumindest nicht im ersten Jahr: Die Schildkröten waren keineswegs bereit zur Überwinterung. Dr. Jekyll kroch sogar aus ihrer Box und hätte sich fast im stockdunklen Kühlschrank auf den Weg gemacht. Meine Frau entdeckte sie gerade noch rechtzeitig. Eine Schildkröte, die einen nach Türöffnung frech auf dem Joghurt sitzend angrinst, das fehlte gerade noch … Noch zwei Jahre überwinterten die Schildkröten im Kühlschrank – dann baute ich, während die Tiere noch im Kühlschrank waren, an einem milden Februarwochenende ein Schlafhaus direkt neben dem Frühbeet. Vom Frühbeet aus sollten sich die Schildkröten abends ins Schlafhaus zurückziehen und auch den Winter dort verbringen können. Entsprechend tief und gut isoliert wurde eine große Mörtelwanne in der Erde versenkt, nachdem ich sie unten durchbohrt und auf ein Kiesbett gesetzt hatte.Staunässe wollte ich auf jeden Fall vermeiden.
Die Schildkröten, mittlerweile vier Tiere, wurden aus dem Kühlschrank geholt, ausgewintert und damit wuchs die Spannung … Nehmen sie die Schlafhöhle an? Und würden sie sich im Winter dort eingraben?

Die Gewöhnung meiner Schildkröten an dieses neue Übernachtungshaus verlief überraschenderweise relativ unproblematisch. Von Anfang an konnte ich, wenn ich nach der Arbeit heim kam und den Deckel öffnete, immer mehrere Tiere im Schlafhaus vorfinden. Sie hatten den Weg allein gefunden und sich ihre Lieblingsecken reserviert – was bei mittlerweile sechs Tieren und vier Ecken ein kleines mathematisches Problem darstellte.

Immer wieder aber kam es vor, dass nicht alle Tiere jeden Abend ihren Weg zu den ihnen zugedachten Nächtigungsplätzen gefunden hatten, oder dort einfach nicht schlafen wollten. Ich fand sie im Frühbeet oder den Sommer über im Gehege unter dem Lavendel, dem Rosmarin oder der Segge. Gut, wenn man die Lieblingsverstecke seiner Tiere kennt. Da ich die Tiere nun nicht im Freien übernachten lassen wollte, habe ich immer wieder mal das eine, mal das andere Tier vor der Dämmerung eingesammelt und mit der Hand ins Schlafhaus gesetzt. Aber: Das „Auswärtsschlafen" wurde Woche für Woche weniger, und irgendwann fand ich alle Tiere unter dem Deckel im Schlafhaus.

Ein erstes Mal. Dann wieder fehlte das eine oder andere Tier. Manchmal sind es eben Mistviecher, aber das erwähnte ich ja schon. Ich besserte nach, füllte das Schlafhaus mit noch mehr Sphagnum oben auf, die Tiere krochen abends hinein und morgens, wenn das Licht im Frühbeet anging, auch relativ früh wieder heraus.

Der Spätsommer kam. Immer wieder mal war ein Tier nicht dort, wo ich es gern gehabt hätte, aber im Großen und Ganzen war ich sehr zufrieden. Als besonders angenehm empfand ich, dass die Kontrollen zum Kinderspiel wurden. Deckel auf, kurz das Moos durchtasten ... Alle da. Gute Nacht.

Das Beste aber: Ich lasse meinen Schildkröten selbst die Wahl, wann sie sich im Herbst im Schlafhaus eingraben wollen. Frühbeet und Schlafhaus sind zwar beheizt, aber irgendwann ist es dann so weit. Die Tiere „tauchen" ab. Das passiert meistens Ende Oktober. Die Schildkröten haben etwas mehr als einen halben Meter Boden unter sich, in den sie sich eingraben können, dann stoßen sie auf den durchbohrten Boden der Mörtelwanne. Es geht nicht weiter.

Wenn die Tiere sich bereits ein paar Zentimeter eingegraben haben, kontrolliere ich sie ein letztes Mal. Ich grabe noch mal etwas in der Erde herum, zähle alle Tiere durch, setze sie wieder in die Erde und lasse sie entscheiden, ob sie noch tiefer runter wollen oder nicht.

Und gleich vorweg: Sie wollen.

Dann kann der Winter kommen.

Dass dieser kommt, und dass die Schildkröten dann „auf sich gestellt" sind, ist mir klar. Irgendwann liegen gern auch mal 50 cm Schnee oder mehr direkt auf dem Deckel der Grube. Wenn dann der Schnee auf dem Deckel liegt, kann ich es mir sogar erlauben, die Deckelheizung auszuschalten. Frost gab es in meinem Schlafhaus noch nie.

Für mich bedeutet das: Bis auf die Temperaturdaten, die mir das Funkthermometer übermittelt, habe ich keine Information. Ich weiß nicht, wie es den Tieren geht, ich kann es nicht kontrollieren. Denn dazu müsste ich nicht nur die Berge von Schnee, ich müsste auch rund 10 Eimer Erde herausholen, wenn die Tiere wirklich ganz unten in der Grube sind. Mal eben zum Kühlschrank, die Tür öffnen und nachschauen, das geht eben nicht.

Als einmal in einem kalten Februar die

Sendestation des Funkthermometers -20 °C anzeigte, blieb mir fast das Herz stehen. Da war vom cool bleiben gar keine Rede mehr. „Jetzt sind sie alle tot", schoss es mir als erstes durch den Kopf. Der Sender lag zusammen mit den Schildkröten in der Grube unter einem halben Meter Schnee. Was tun?

Ein erster Blick auf das normale Außenthermometer draußen an der Hauswand wies -11 °C aus und langsam beruhigte ich mich. Es konnte also beim besten Willen einen Meter unter der Erde keine -20 °C haben. Das war schlichtweg unmöglich. Vermutlich hatte das Thermometer einfach nur einen Aussetzer – ich hoffte inbrünstig, dass es so war. In wenigen Wochen würde ich es wissen. Und sollte es nicht so sein, dann könnte ich auch nichts mehr ändern.

Im März grub ich nach den Schildkröten, angefüllt mit größter Sorge, doch die war unbegründet. Alle Tiere waren wohlauf. Das Funkthermometer allerdings nicht. Es zeigte geradezu aberwitzige 17 °C an und ich beschloss, es einfach in den Müll zu werfen. Ein Kontrollinstrument weniger, das mir mehr Sorgen verursacht hat, als dass es mich beruhigt hätte. Auch das muss man lernen.

Trotzdem bin ich jedes Jahr extrem nervös, wenn ich das erste Mal im Frühjahr die Überwinterungsgrube öffne und ich nach den Schildkröten schaue. Das muss ich zugeben.

Es gibt Jahre, da sind sie von ganz allein schon wieder oben. Da raschelt es verdächtig in der Überwinterungsgrube. Wenn ich den Durchgang zum Frühbeet öffne, kommen sie der Reihe nach anmarschiert. Und es gibt strenge Winter, da sind sie so tief in der Erde eingegraben, dass sie vom einsetzenden Frühling noch nichts mitbekommen haben. Da muss ich eimerweise die Erde aus der Grube holen, bevor ich das erste Tier gefunden habe: Dreckstarrend, tief in den Panzer eingezogen, die Augen geschlossen. Man kann sie kaum noch als Schildkröte identifizieren. Ein erster Check, ein vorsichtiges Berühren am Vorderbein des ersten Tieres. Das Tier zuckt. Es lebt. Alle leben. Gott sei Dank. Der Sommer kann kommen.

28

VON WEIHNACHTSBÄUMEN UND KNOBLAUCHSRAUKE

Vor einigen Jahren bekam ich zu Weihnachten einen winzig kleinen Fichtensetzling geschenkt: Das war eine Minipflanze, eingepackt in einer Plastikhülle, den Wurzelballen umwickelt mit etwas feuchtem Stoff. Dazu gab es zwei Christbaumkugeln, beide mit Werbeaufdruck der schenkenden Firma, einen Halter für eine Kerze und eine eben solche. Man solle sich doch bitte ganz im Sinne der Nachhaltigkeit seinen Weihnachtsbaum selbst großziehen und auch eine Beziehung zu ihm aufbauen.

Aha.

Hätten wir den Baum damals mit all dem Schmuckwerk versehen, er wäre vermutlich unter der Last der Dekoration und der Verantwortung zusammengebrochen. Zumindest hätte er eine enorme Verkrümmung davon getragen. Also wurden als erstes die Kugeln schnell entsorgt. Wer hängt sich schon Kugeln mit Werbeaufdruck an den Weihnachtsbaum? Die Kerze samt Halter wanderte in den Weihnachtsdekobestand.

Was blieb, war die kleine Fichte. Wohin mit dem 20 Zentimeter großen Stängel und seinen zwei Seitentrieben? Erst einmal das Notprogramm: Ein Topf wurde mit Erde gefüllt, die Fichte eingepflanzt, angegossen und dann das Ganze frostsicher verpackt auf der Terrasse deponiert. So überdauerte sie den ersten Winter bei uns. Im Prinzip aber war das perspektivenlos, wollte ich sie nicht zum Bonsai zusammenschnipseln. Von Bonsai verstehe ich nichts und offen gestanden interessiert es mich auch nicht, an Bäumen so lange herumzuschnipseln, dass sie zwergwüchsig bleiben. Wenn ich schon mit Säge und Schere ans Gehölz gehe, dann an das große im Garten, das mir ständig über den Kopf zu wachsen droht.

Als das Frühjahr kam und die Terrasse wieder genutzt werden sollte, war die Fichte natürlich im Weg. Nicht, dass sie seitdem nennenswert gewachsen wäre, aber der Topf musste trotzdem einen neuen Platz bekommen. Irgendwie stand er immer dort, wo er nicht sollte: also im Weg. Und das permanente Hin- und Hergeschubse des Stecklings ist ja nun auch nicht das Wahre. Ein Baum ist ja schließlich auch sensibel und spürt, ob er gewollt ist oder nicht. Andere spielen ihren Zimmerpflanzen klassische Musik vor, damit sie gedeihen. Da wird doch so ein Baumzwerg auch mitbekommen, ob man ihn mag und verwöhnt, oder ob man ihn eher als Last empfindet.

Die Fichte wanderte samt Topf an die Hauswand. Dort, wo mehrere Pflanztöpfe stehen, Rosen am Regenfallrohr heraufwachsen und Sommerblumen um die Wette blühen, fand sie einen ersten Platz. Ein weiteres Jahr verbrachte sie dort, setzte neue Triebe im Topf an und wuchs.

Nun ist ein Topf aber eben nur ein Topf und Fichten sind keine Topfpflanzen. Sie wollen einen gut gelüfteten Boden, eine ausgeglichene Wasserversorgung und vielleicht auch nette Gesellschaft. Schließlich wachsen in Deutschland die meisten Fichten gemeinsam auf. Es gibt etwa 14.500 Hektar Waldverbund mit Fichten. Das sagt doch alles.

Also ab ins Schildkrötengehege – vorerst. Zwar gehören Fichten zu den schnellwachsenden Gehölzen, aber schnell ist auch relativ, vergleicht man das mit den typischen Gehegepflanzen. Die paar Zentimeterchen pro Jahr sind kaum der Rede wert. Im Gehege kann sie auf Dauer zwar auch nicht bleiben, irgendwann wird sie zu groß sein. Sie wird das Gehege beschatten, noch dazu die Bank, die vor der Haustür steht. Dort sitzen wir im Sommer abends gern bei einem Glas Wein und genießen die untergehende Sonne. Das wollen wir uns auch in fünfzig oder sechzig Jahren nicht von der Fichte nehmen lassen. Letztlich steht sie auch viel zu nah am Nachbarsgrundstück und darf also schon von Rechts wegen dort nicht wachsen – oder eben nur ein paar Jährchen.

Bisher hat sie es gerade mal auf 60 Zenti-

meter gebracht. Das ist für eine Fichte keine Höhe. Je nach Art werden die Bäume ja zwischen 20 und 60 Meter groß. Da bleibt nicht mehr viel Zeit, bevor wir sie wieder ausgraben müssen. Momentan liegen die Schildkröten im Sommer unter ihren Zweigen im Schatten und entspannen.
Was später geschieht, steht in den Sternen. Vielleicht wird sie im benachbarten Wald ein neues Zuhause finden, vielleicht findet sich jemand mit Garten, der sie dann haben will. Unsere Nachbarin hat jedenfalls schon mal Interesse bekundet. Aber die haben auch einen Holzofen. Kann ich ihr vertrauen, dass sie der Fichte ein nettes, neues Zuhause geben wird, statt damit die Wohnstube zu beheizen?
Im Winter trägt das Bäumchen voller Stolz vier rote Christbaumkugeln – ohne Werbeaufdruck natürlich. Die Schildkröten bekommen davon natürlich nichts zu sehen. Denn sie sind tief unten unter der Erde und überwintern in ihrem Schlafhaus. Und bis die wieder da sind, ist die Weihnachtsdeko längst weggeräumt. Die Fichte allerdings nicht … Noch nicht.
Jetzt aber hat die Fichte ernsthafte Konkurrenz bekommen: Knoblauchsrauke wächst von allen Seiten gegen sie an. Selbst Schuld, ich habe sie ja ausgesät. Überall.
Knoblauchsrauke gehört unter Landschildkrötenhaltern zu den Standardfutterpflanzen. Was heißt, dass die meisten Schildkröten sie mit Hingabe fressen – und zwar in Grund und Boden. Viele Schildkrötenhalter wissen davon zu berichten. Ich nicht …
Damit meine ich allerdings nicht, dass meine Tiere keine Knoblauchsrauke fressen. Aber so sehr sie sich auch anstrengen, sie schaffen es nicht, dem Gewucher der vielen Pflanzen in ihrem Gehege Herr zu werden. Denn neben der Rauke ist das Futterangebot im späten Frühjahr ja umfang- und vor allem abwechslungsreich. Also bleibt die Rauke links liegen, auch wenn an den unteren Blättern immer mal geknabbert wird.
Der Grund für dieses explosionsartige Wachstum ist simpel: Nach der Devise „viel hilft viel“ habe ich vor Jahren eine bunte Mischung an Futterpflanzen ausgesät. Und als im Folgejahr kaum etwas kam, habe ich wieder ausgesät. Und wieder. Und dann noch mal. Und für mehr Abwechslung gleich noch was anderes ins Gehege gepflanzt. Und zur Sicherheit noch mal ein Tütchen Samen nachgelegt.
Alles Aussäen geschah immer in großen Mengen, sodass ich sicher gehen konnte, dass wenigstens einige Pflanzen die Chance haben, aufzugehen. Schließlich beobachte ich immer wieder Vögel (zumeist Spatzen), die durchs Gehege marschiert sind und die Samen mit Hingabe gefressen haben. Nun war mir das zu blöd, eine geeignete Vogelabwehr zu entwickeln, also hab ich weder neu gesät. So ein Spatz will ja auch von was leben. Und wenn wir im Winter schon Heerscharen von schmarotzenden Meisen mit Knödeln versorgen und durchfüttern, dann darf doch so ein Spatz auch mal was von unserem Saatgut aufpicken.

Also weiter säen: Knoblauchsrauke, Rainkohl, Doppelnullraps, Vogelmiere, Löwenzahn, Spitzwegerich, Malven, usw. – immer kräftig rein damit. Außerdem weiß man ja, dass manch Samenkorn geradezu biblisch zwischen die Steine fällt und keine Erde zum Keimen findet. Andere verdorren in der Sonne, nur wenig geht auf. Und so war es dann auch bei uns.

Mal kam das eine Pflänzchen, mal das andere. Richtig üppig allerdings war es nie. Also wurde – Sie ahnen es – munter neu gesät. Und dann das: Die Knoblauchsrauke hat sich nach mehreren Jahren der Wachstumsverweigerung anders entschieden und knallt jetzt aus allen Ecken und Winkeln aus der Erde. Sie wächst dermaßen gewaltig, dass sie das halbe Gehege nicht nur überwuchert hat, sondern auch viele Pflanzen mittlerweile überragt werden – Kiefern, Rosmarin, Fingerkraut, Frauenmantel, Segge, Lavendel. Und eben der kleine Weihnachtsbaum.

Locker schaffen es die Rauken auf eine Wuchshöhe von 50 bis 60 Zentimeter. Und sie wachsen weiter himmelwärts. Verhungern werden also meine Tiere mit Sicherheit nicht. Das Grünzeug allein würde weit in den Sommer reichen. Nebenbei schafft das Zeug nicht nur Gehegestruktur, sondern auch an bisherigen Sonnenplätzen so viel Schatten und Feuchtigkeit, dass ich das erste Mal überhaupt Futterpflanzen aus dem Gehege herausgerissen und in den Biomüll geworfen habe, statt andersherum Futterpflanzen aus dem Gemüsebeet heraus- und ins Gehege hineinzuwerfen. Verkehrte Welt. Während die Gartenschere den Raukentrieben den Garaus macht, knickt mancher Stängel um, fällt manches Blatt auf die Erde. Und kaum ist das geschehen, kommt Schildkröte Hyde und frisst das heruntergefallene Blatt. Mit Hingabe. Nicht, dass er nicht auch tausende andere hätte selbst abreißen können … Nein. Dieses eine. Das musste es sein.

Also schmeiße ich nicht alle abgeschnittenen Rauken in die Tonne, sondern lasse einfach ein paar Pflanzen im Gehege liegen. Und siehe da: Bald schon gesellen sich die anderen Schildkröten zu Hyde – gemeinsam machen sie sich über den Futterhaufen her.

Ja spinnen die jetzt völlig. Wochenlang steht Pflanze an Pflanze und keine wird mit dem Hintern angesehen. Jetzt fallen sie über das abgeschnittene Grün her wie Supermarktbesucher über Lebensmittel vor einem langen Feiertagswochenende. Sie können nicht genug bekommen. Muss man nicht verstehen.

War doch irgendwie gut, dass ich die Pflanzensamen eimerweise durchs Gehege verteilt habe …

Apropos Aussäen: Von dem Saatgut, das ich auf den österreichischen Schildkrötentagen in Kaumberg gekauft und sofort im Gehege verteilt habe, ist ja fast gar nichts aufgegangen. Und vom Rainkohl ist auch nicht viel zu sehen. Besser, ich werde im Herbst noch mal nachsäen …

Jetzt musste ich aber erst einmal zum Nachbarn. Der nämlich hatte an der

Einfahrt und am Rand seiner Wiese jede Menge verblühten Löwenzahn stehen. Da musste ich doch gleich mal die Blütenstängel abrupfen und ins Gehege werfen. Vielleicht würde ja der eine oder andere Samen aufgehen.

Mit einem üppigen Strauß Pusteblumen kehrte ich in den Garten zurück. Eine andere Nachbarin sah mich und hielt mich vermutlich für irre:

„Schleppt der Kerl ernsthaft Unkraut in seinen Garten? Wenn der nicht aufpasst und es die Samenschirmchen verbläst, wächst doch hinterher überall Löwenzahn. Und dann hat er den Salat …“

Eben!

29

… UND MIR EIN KLEINES WINDKRAFTWERK BITTE!

Freuen Sie sich auch so auf die Post von Ihrem Stromversorger? Ich kann es gar nicht abwarten, jedes Jahr die Jahresstromabrechnung nebst saftiger Nachzahlungsforderung zu bekommen.

Nun halten sich unsere Stromkosten im Vergleich zu anderen Terrarianern in Grenzen; ich jammere also auf hohem Niveau. Die Schildkrötenhaltung im Freien frisst aufs Jahr gesehen einen Bruchteil dessen, was meine Tropenterrarien im Haus an Energie aus der Steckdose heraussaugen. Denn zum einen ist etwa ein Drittel oder Viertel des Jahres im Frühbeet alles abgeschaltet, weil es Winter ist. Nur an ganz kalten, frostigen Tagen gönne ich mir den Luxus der Deckelheizung in der Überwinterungsgrube. Aber ich bin überzeugt, dass es auch ohne gehen würde. Die Schildkröten sind tief in der Erde, die Grube ist nach allen Seiten isoliert und nach oben zusätzlich gepolstert mit einer dicken Laubschicht.

Zum anderen ist auch im Sommer, wenn das Thermometer schon früh morgens die 25-Grad-Marke knackt, Wärme- und Lichtstrahler im Frühbeet ausgeschaltet.

Anders ist es in den Terrarien, in denen sommers wie winters ähnliche klimatische Verhältnisse herrschen, die Tage immer knapp zwölf Stunden lang sind und unentwegt eine kleine Pumpe das Wasser im Kreislauf hält. Die Pfeilgiftfrösche brauchen das so – wie anspruchslos sind da doch die Griechischen Landschildkröten.

Trotzdem beschleicht mich immer etwas die Sorge, wenn ich den Brief unseres Stromanbieters in der Post finde. Gründe gibt es immer, den Strompreis moderat ansteigen zu lassen. Und man kann noch so viele energiesparende Maßnahmen im Haus umsetzen, alte Elektrogeräte gegen neue austauschen, den Wäschetrockner nur noch während extremer Schlechtwetterperioden nutzen, überall durchs Haus gehen und alle Lampen ausschalten: Von Jahr zu Jahr steigt der Preis an, den wir für den Strom bezahlen müssen.

Fast ist es, als erwarte man eines Tages ein Dankesschreiben und das Angebot, dass man uns gern ein kleines, eigenes

Kraftwerk hinstellen würde. Das hat schon etwas Verlockendes. Zu oft fällt bei uns im Dorf der Strom aus, als dass ich diese Autarkie nicht begrüßen würde. Natürlich möchte ich dann aber keinen Atomstrom. Aber so ein Windrad, das würde sich doch lohnen – und vermutlich auch die Nachbarn beglücken. Aber die Abstandsregelung in Bayern verbietet es ja und unser Grundstück ist sowieso viel zu klein dafür. Also hängt unser Haus weiter am öffentlichen Netz.

Dass unser Energieversorger uns in die Kategorie Großabnehmer einstuft, halte ich trotzdem für übertrieben. Wenn man uns dafür einen Rabatt einräumen würde, ließe ich mir das ja gern gefallen – aber so etwas ist natürlich für Privathaushalte nicht vorgesehen.

Trotzdem verursacht jede Stromkostenabrechnung – und vor allem die darin enthaltenen Nachforderungen – kleine Diskussionen in unserer Familie. Wo kann man vielleicht doch noch etwas sparen, um die ständig steigenden Kosten im Griff zu behalten?

Ich argumentiere mit Waschmaschine und Wäschetrockner, verweise auf die Unmengen an dreckiger und verschwitzter Sportwäsche nach Fußball, Reiten, Waldlauf, Sportstudio, und klammere meine Schwimmsachen und Handtücher bewusst aus. Und da sind auch die Berge von Handtüchern. Die Spülmaschine läuft auch fast im Dauerbetrieb. Ich verdächtige alle Familienmitglieder der Stromverschwendung und behaupte, dass

überall das Licht noch brennt, wenn sie das Haus verlassen, und krame weitere, immer abwegigere Gründe für den Stromverbrauch hervor: Tagsüber die Vorhänge zuziehen, weil die Sonne durchs Fenster scheint, aber dann das Licht anmachen, weil es zu dunkel wird …

Meine Frau schaut mich mitleidig an.

Egal. Hauptsache, die Terrarien und die Schildkrötenanlage draußen sind nicht verantwortlich. Das ist wichtig. Aber es ist ein hoffnungsloses Unterfangen. Niemand glaubt mir.

Wie dem auch sei: Im Frühbeet brennt Licht. An den neblig dunklen Morgen im Herbst mutet es schon sonderlich an, wenn ich in der Dämmerung auf das hell erleuchtete Frühbeet im Garten schaue.

Natürlich liegen um die frühe Uhrzeit noch keine Schildkröten im Lichtkegel. Es ist auch noch nicht warm genug.
Lasse ich den Timer die Beleuchtung aber deutlich später einschalten, dann wird es zu spät warm im Frühbeet und die Schildkröten kommen überhaupt nicht mehr aus ihren Schlafplätzen ans Licht. Dass ich mich immer rechtfertigen muss … sowas.
In solchen Momenten bin ich übrigens froh, dass man das Schildkrötenfrühbeet nicht von der Straße aus sehen kann. Wer weiß, welch Diskussion mir erspart worden ist. Eine morgens oder in der frühabendlichen Dämmerung vorbeifahrende Polizeistreife hätte sonst noch auf die Idee kommen können, dass in dem Frühbeet Cannabis-Pflanzen vorgezogen werden.
Auf einen ähnlichen Gedanken kamen nämlich unsere Nachbarn, als wir die Schildkrötenanlage einrichteten und sich in den ersten Tagen das zeitschaltuhrgesteuerte Licht einschaltete. Es dämmerte noch, aber im Garten leuchtete es strahlendhell aus dem Frühbeet heraus.
Abends ist es das gleiche Spiel.
„Das ist alles nur für die Schildkröten", erklärte ich und öffnete den Deckel, um den Nachbarn zu zeigen, dass innerhalb des Frühbeetes lediglich ein Lavendel und ein kleiner Fingerhut wachsen. Ohnehin ist ein Frühbeet ein denkbar ungünstiger Ort für Hanf. Dieser wächst enorm in die Höhe. Da reicht so ein flacher Kasten im Garten nicht. Dabei müssen die Nachbarn gerade reden: Im Gewächshaus im Nachbargarten leuchtet es nun auch im Winter tags und nachts. Rötlich schimmert es durch die Glaswände. Das sieht sogar ganz nett aus. Was ist da los?
Frau Nachbarin stellt dort Grabkerzen auf und ich zähle in Gedanken die Angehörigen ihrer Familie durch … alle noch da. Ich habe alle vor gar nicht langer Zeit erst gesehen.
Als ich sie fragte, welch merkwürdigen Kult sie dort mit den roten Grabkerzen zelebrierte, erklärte sie mir: „Gar keinen!" Die kleine Flamme reiche völlig aus, um das Gewächshaus zum Schutz der Jungpflanzen nachts frostfrei zu halten.
Das fand ich spannend und konnte es kaum glauben, dass so eine winzige Flamme dermaßen viel Wärme abgeben soll, dass es im Gewächshaus nicht zu Minustemperaturen kommt.
„Doch. Das funktioniert. Und ist viel billiger als mit Strom!", versicherte sie mir und ich dachte mir, sie weiß, was sie da tut.
Also überlegte ich, ob ich die Idee mit den Grablichtern für mein Schildkrötenfrühbeet übernehmen kann. Letztlich aber ergab sich keine Notwendigkeit. Meine Tiere überwintern ohnehin tief unter der Erde im frostfreien Bereich und die wertvolle, herangeschleppte Masse an Laub isoliert alles nach oben hin.
Und nur für den Halloween-Effekt ist mir das zu aufwendig, jeden Abend im Frühbeet ein Kerzchen anzuzünden. Da reicht die Knochenkette auf der Terrasse auch. Das verstehen Sie doch, oder?

30

VON DAMALS UND VON DIESER ZEIT

Zehn oder elf Jahre ist das Mädchen alt. Sie hockt vor einem Terrarium in einer Zoohandlung und findet die winzigen Höckerschildkröten, die dort unentwegt im Wasser umher paddeln, einfach nur süß. Und das sagt sie auch. Gar nicht satt sehen kann sie sich an den Winzlingen.

„Das Problem ist nur", belehrt sie der Vater, „dass die nicht so klein bleiben."

Da hat er Recht.

Mich erinnert das an meine Kindheit. Ich war in etwa im gleichen Alter und steuerte bei jedem Besuch im Zoofachgeschäft an der Hagener Marktbrücke gleich nach hinten in die Aquarienabteilung. Die Wände des Raums waren über und über mit Aquarien gefüllt, aber ganz unten waren ein paar Terrarien dazwischen. In einem hockte ein winziges Krokodil. Einfach nur süß. Ich hätte es zu gerne gehabt. Natürlich führte kein Weg dorthin.

„So klein bleibt das nämlich nicht", erklärte mir damals mein Vater. „Irgendwann passt es nicht mehr in das Becken. Und dann?"

Natürlich hatte er nicht die Absicht mir das Krokodil zu kaufen, selbst wenn ich ihm auf diese Frage eine halbwegs vernünftige Antwort hätte geben können.

Vorzuschlagen, das Krokodil könne in die Badewanne übersiedeln, erschien selbst mir schon zu absurd, als dass ich es gesagt hätte. Mein Vater verschwand mit meinem Bruder am Verkaufstresen. Sie ließen sich über irgendwelche aquaristischen Gegenstände informieren, fachsimpelten mit dem Verkäufer über Wasserwertemessungen oder ließen sich eine Tüte Tubifex aus dem Regal geben.

Ich nutzte die Zeit, träumte von dem kleinen Krokodil und rutschte in der Hocke ein Terrarium weiter. Eidechsen gab es auch, offensichtlich Wildfänge, die dort zum Verkauf anstanden. Wenn schon kein Krokodil, dann wenigstens ein paar Eidechsen. Schildkröten konnten mich damals nicht sehr begeistern. Es gab diese für fünf Mark, alles Rotwangenschmuckschildkröten. Für etwas mehr Geld konnte man eine nierenförmige Plastikschale mit winziger Plastikpalme und einen Beutel Kies erwerben.

„Death bowl" werden diese Teile heute

unter Schildkrötenhaltern gern genannt, denn die „Todesschüsseln" werden noch immer in diversen Ländern zum Verkauf angeboten.

Mir war von Anfang an klar, dass diese Schüssel die Schildkröte nicht abhalten würde, sich auf eigene Faust in meinem Zimmer umzuschauen.

„Und dann liegt sie irgendwann tot und vertrocknet unter Deinem Bett", meinte mein Vater und hatte mit dieser düsteren Zukunftsperspektive vielleicht gar nicht mal so Unrecht.

„Die müssen genauso in einem Aquarium gehalten werden wie Fische", erklärte er mir und schon war ich nicht mehr interessiert.

Ein Freund meiner Eltern hatte sich eine solche Schildkröte gekauft, hielt sie in seiner Stadtwohnung in einem Aquarium – nach heutigen Kenntnissen alles andere als artgerecht, denn das Becken hatte keinen Landteil. Nicht mal eine Korkplatte schwamm darin, so dass die Schildkröte überhaupt keine Chance hatte, sich auf ein Stück Holz unter die Glühbirne zu setzen. Ihr blieb gar nichts anderes übrig, als sich permanent schwimmend im Becken zu bewegen. Ernährt wurde die Rotwangenschmuckschildkröte ausschließlich mit Hackfleisch. Der besagte Freund fand sich besonders originell und witzig, wenn er in der Metzgerei 10 Gramm davon kaufte und die Verkäuferin ihn ungläubig fragte, ob er sich da nicht vertan hätte.

Ein Mitschüler hatte in seinem Zimmer ebenfalls ein Aquarium mit mehreren relativ großen Schmuckschildkröten, ein trübes, muffig riechendes, nach oben offenes Becken direkt zwischen Schreibtisch und Bett. Zwar schwamm dort ein

großes Stück Korkrinde auf der Oberfläche, aber darauf klettern konnten die Tiere auch nicht. Im Sommer standen sie des Öfteren unter strenger Beobachtung in einer Babyplastikwanne im Garten. Nachdem sie mit ihren Krallen das Planschbecken seiner kleinen Schwester kaputt gemacht hatten, durften sie nur noch auf sehr begrenztem Raum die richtige Sonne genießen.
Nein danke, das alles wollte ich nicht. Aber Eidechsen.
Die bekam ich dann auch, nachdem ich ein Terrarium für sie eingerichtet hatte. Erst war es eine Eidechse. 8,50 Deutsche Mark hat sie damals gekostet. Das Geld bekam ich von einer Nachbarin geschenkt, weil ich so lange krank gewesen war und sie mir etwas Gutes tun wollte. 8,50 Deutsche Mark – ich weiß es noch ganz genau, weil mir als erstes aufgefallen war, dass es je ein Fünfmark-, ein Zweimark- und ein Einmarkstück war und dazu eine Fünfziger. Von jeder Münzsorte des Silbergeldes eine. Komisch, solche Dinge vergisst man wohl nie.
Zu der ersten Eidechse kamen dann noch ein paar weitere. Später wechselte ich auf andere Reptilien und hielt Gürtelschweife. Gegen Ende der Schulzeit beendete ich die Terraristik, nicht ganz undankbar von meinen Eltern zur Kenntnis genommen, denn es gab immer Diskussionen um die Versorgung der Tiere mit Futter – vor allem, wenn wir in den Urlaub fahren wollten.
Während also das Mädchen im Zoohandel völlig vernarrt auf die Schildkröten starrt und ich in ihr auch eine gewisse Ähnlichkeit zu meiner Tochter sehe, als sie etwa das gleiche Alter hatte, scheint sich der Kreis zu schließen. Sie sind auf dem besten Weg, zu Spinnern zu werden. Spinner wie wir.
Ihr jüngerer Bruder begeistert sich mehr für die Kornnattern, auch er scheint sich vom Reptilienfieber anstecken zu lassen. „Echt cool“, findet er die. „Viel besser als diese albernen Schildkröten.“
Die ebenfalls anwesende Mutter hat sich hingegen ein wenig in das große Jemenchamäleon, das auch zum Verkauf steht, verguckt. Der mittlerweile hinzugekommene Verkäufer erkundigt sich, ob er denn helfen könne.
„Wir wollten uns vielleicht zu Weihnachten ein Tier anschaffen und uns vorher mal ausgiebig beraten lassen“, antwortet der Vater hilfesuchend. „Aber wir haben uns noch nicht darauf einigen können, welches …“
Die Mutter grätscht als erstes in das Gespräch hinein und befragt den Verkäufer ausgiebig über die Haltung von Chamäleons.
„Und Schlangen kommen ja gar nicht in Frage“, gibt sie gleich dem Verkäufer und zugleich ihrem Junior zu verstehen. „Da brauchst Du gar nicht erst drüber nachzudenken.“
Das Beratungsgespräch erweist sich als etwas schwierig und zeitaufwendig, weder will der Sohnemann einsehen, warum Schlangen überhaupt nicht in Betracht kommen, noch will die Tochter von ihrem Schildkrötenwunsch ablassen. Die Mutter selbst hingegen will nicht akzeptieren, dass Chamäleons nicht unbedingt Einsteigertiere für die Terraristik sind. Als ihr genau dieses nämlich der Verkäufer zu verstehen

zu geben versucht, nimmt ihre Tonlage den Klang zunehmender größerer Gereiztheit an. „So kompliziert wird das ja wohl nicht sein …“, bemerkt sie, was weniger eine Frage als eine Feststellung ist. Der Verkäufer zuckt nur noch mit den Achseln.

Und so nimmt die Gereiztheit innerhalb der Familie langsam aber sicher zu. Hätte ich nicht selbst etwas mit dem Verkäufer zur Einrichtung eines Tropenterrariums zu klären, ich hätte nicht so lange gewartet. Aber da er mich mit einem „Ich bin gleich bei Ihnen“ vertröstet hat, wäre es jetzt unfair, einfach zu gehen. Stattdessen warte ich geduldig und schaue mir das Verkaufsgespräch aus einer kleineren Distanz aus an.

Der Verkäufer ist wirklich nicht zu beneiden. Er rät, sich erst mal daheim zu entscheiden, was denn überhaupt nicht in Frage kommt – „Das sagte ich doch! Schlangen!“, ereifert sich die Mutter – und sich dann über die Tiere im Internet zu informieren. Er hätte für alle Tiere auch geeignete Fachbücher vorrätig, wenn es dann darum ginge, sich ausführlicher zu informieren. Da stände alles drin über Haltung, Fütterung und Nachzucht – und Einiges über Krankheiten, die die Tiere bekommen können. Das sei, so bemerkt er, sinnvoller, als spontan ein Tier aus einer Laune heraus zu kaufen.

Als die Mutter fragt, wie alt denn eigentlich so ein Chamäleon wird, antwortet er: „Bei guter Haltung vielleicht fünf bis acht Jahre, manchmal auch etwas weniger.“

Die Betonung legt er bewusst auf das Wort gut, aber der Wink mit dem Zaunpfahl bei seinem Gegenüber geht unbemerkt vorbei.

„Was?“, erwidert sie empört. „So viel Geld für ein Tier, das nur so kurz lebt?“

Mir geht es durch den Kopf, hier einfach

dazwischen zu quatschen, ob nicht dann doch die Schildkröte sinnvoller sei. Die kostet viel weniger und lebt vielleicht zehnmal so lang, wenn man sie gut hält. Überhaupt scheint mir diese Frau nicht unbedingt für Terrarientiere geeignet. Aber ich halte mich zurück.

Gut, dass der fragile Familienfrieden einen Spontankauf wohl verhindert. Gut auch, dass der Verkäufer nicht durch aktive Beeinflussung der Kunden viel dazu beiträgt, dass sich die Familie einigt und dann Becken, Heizung, Beleuchtung, Deko, Bodensubstrat und Zubehör kauft, sich ein Tier einpacken lässt und von dannen zieht.

„Die Anschaffung solcher Tiere sollte wohl überlegt sein", erklärt er. „Am besten ist, wie gesagt: Sie informieren sich vorher." Da hat er Recht.

Sonst hat man am Ende nämlich doch eines Tages ein kleines Krokodil in der Badewanne sitzen. Aber zum Glück ist das ja durch die Einführung der Gefahrtierverordnungen ohnehin fast überall verboten – im Gegensatz zu der Haltung fast aller Schildkrötenarten.

Allein das macht mir die *Schildis* sympathisch – und ihre Tanten ebenfalls, denn die wissen nun mal, wie sie ihre Tiere richtig halten und pflegen.

Und die spinnen alle – genauso wie ich.

NACHWORT: SIND WIR GÖTTER?

Eine provokante Frage ist es sicherlich, was wir für unsere Schildkröten sind. Noch provokanter war es, als ich diese Frage 2012 als Feststellung „Wir sind Gott" formulierte und unter dieser Überschrift einige Gedanken zu unser aller Tierhaltung im Internet veröffentlicht habe. Darüber wurde intensiv diskutiert. So gesehen hatte der Text damals seinen Zweck erfüllt. Damals war der Stein des Anstoßes die Verwendung des Wortes „Gott" – die Überheblichkeit des Menschen, ein Gott oder zumindest gottgleich sein zu wollen. Aber darum ging es eigentlich gar nicht. Es ging eher um die Rolle des Übermächtigen, also desjenigen, der in jeden Bereich des Lebens Einfluss auf andere Geschöpfe nehmen kann und es auch tut. Es ging um die Rolle eines Schöpfers, der für ein allerdings nicht von ihm erschaffenes Wesen eine Welt gestaltet und permanent verändert ... und zwar nach seinen Vorstellungen. Das war mit „Gott" gemeint – sonst nichts.
Dass ich den Text hier leicht verändert wiederhole, hat den Grund, dass ich nach wie vor hinter den Kernaussagen stehe und diese Denkanstöße noch immer für diskutierenswert halte. Also: Sind wir „Götter"? Wenn ja: Warum? Und warum führen wir uns manchmal so auf?

Wir schaffen für unsere Schildkröten einen Lebensraum in unseren Gärten, in einem Terrarium, Aquarium, Teich oder Paludarium. Dieser Lebensraum wird nicht nur von uns begrenzt, sondern auch genauso gestaltet, wie wir es gerne hätten. Es macht einen besonderen Reiz der Wildtierhaltung aus, diese Lebensräume zu entwickeln, zu basteln, zu tüfteln, zu optimieren. Nahezu jeder Halter, Terrarianer und Aquarianer richtet begeistert Gehege oder Becken her und verändert sie fortwährend.
Terrarianer sollten sich bei der Gestaltung der Gehege oder Becken an den natürlichen Lebensräumen der Tiere orientieren, an ihren Bedürfnissen und Lebensgewohnheiten. Und doch spielt immer unser eigener persönlicher Geschmack eine

entscheidende Rolle: habitatsuntypische aber hier gut wachsende Pflanzen, Terrakotta-Tiere, Gartenzwerge, kleine Plastik-Wracks am Beckengrund des Aquariums – was uns gefällt, ist erlaubt.

Wir sind die Schöpfer einer kleinen begrenzten Welt. Aber noch mehr: Wir entscheiden in dieser Welt über Tag und Nacht, in dem wir mit Strahlern und Heizungen ein bestimmtes Klima simulieren und regulieren. Terrarientiere beregnen wir, wenn wir finden, dass es notwendig ist. Nebel wird von uns in die Becken geblasen, die Wassertemperaturen hoch- oder heruntergefahren.

In Frühbeeten und Gewächshäusern im Garten verlängern wir die Saison, gaukeln wir Sonnenschein vor, wenn keiner ist.

Wir schaffen Steinlandschaften, wo früher Gras gewachsen ist, legen Hügel an, wo keine waren oder Wärmeinseln, wo zuvor kalter Lehmboden war. Wir errichten künstliche Inseln. Plötzlich ist Treibholz da. Wir schaffen Höhlen und Versteckplätze, Pflanzendickichte und Freiflächen. Wie von Geisterhand sieht für die Tiere von einem auf den nächsten Tag alles ganz anders aus, wenn wir Terrarien und Gehege reinigen und „umräumen". Plötzlich ist eine riesige Wurzel weg oder da, ist ein Trampelpfad versperrt oder eine unüberwindbare Wand gesetzt.

Ganz wie es uns behagt, erweitern oder verändern wir mit jedem Gehege- oder Beckenumbau den vertrauten Lebensraum unserer Tiere. Wir schränken ihn ein oder erweitern ihn. Oder wir setzen sie in eine komplett fremde Umgebung, versorgen sie mit frischem Aquarienwasser oder neuer Erde.

Doch damit noch lange nicht genug.

Fast nichts, was unsere Tiere fressen, haben sie nicht von uns bekommen. Sei es, dass wir zufüttern, sei es, dass wir in den Gehegen Futterpflanzen ausgebracht haben. Keine Terrarienschildkröte frisst ein Futtertier, das wir nicht zuvor ins Becken geworfen haben. Bei Aquarientieren ist es das Gleiche.

Wir entscheiden nicht nur, was und wie viel sie fressen, sondern auch, ob wir Futtertiere zuvor mit Vitaminpräparaten anreichen oder mit Calciumcarbonatpulver bestreuen, ob im Gehege Sepiaschulp oder Schneckenhäuser liegen.

Wir entscheiden, welche Pflanzen im Gehege wachsen dürfen und welche nicht, welche Kräuter plötzlich vom Himmel fallen und welche nicht.

Es liegt immer an uns, ob die Tiere ausreichend, zu viel oder zu wenig zu fressen haben, ob das Futter ausgewogen, artgerecht und abwechslungsreich ist oder nicht.

Und was im Guten gilt, das gilt umso mehr im Schlechten. Wenn wir es für richtig halten, bekommen unsere Schildkröten Hundeflocken, Erdbeeren, gespritzten Salat, Nudeln, Brot oder Fleischbällchen – egal, ob das je nach Art sinnvoll ist oder nicht. Oft genug ist im Internet zu lesen, mit welcher Hingabe Schildkröten solch schädliche Nahrung fressen, die ihnen von ihren Haltern vorgesetzt wurde. Die Schildkröte weiß natürlich nicht, dass sie das besser nicht fressen sollte, und dem Halter gefällt es, das Tier bei seinem „gesunden Appetit“ beobachten zu können. Denn er weiß es oft auch nicht besser, oder will sich eines Besseren nicht belehren lassen. Und so muss die Schildkröte nehmen, was sie bekommen kann. Auch wenn es sie vielleicht schleichend umbringt.

Gleiches gilt natürlich für das Wasser – ist es reichlich, ist es frisch, ist es sauber? Und nicht, dass es die Schildkröten besonders „interessiert“, was aus ihren Eiern wird: Aber wir entscheiden über Leben und Tod der nächsten Generation, indem wir uns entscheiden, was mit den Eiern geschehen soll. Wir sprechen davon, dass *wir* die Eier inkubiert haben, dass *wir* dafür gesorgt haben, dass ein lebendes Tier daraus entstanden ist. Oder wir sagen, dass *wir* keine weiteren Schildkröten haben wollen und vernichten die Eier. Aber wenn wir das nicht tun, dann sind das *unsere* Nachzuchten und wir sind stolz darauf, dass wir das hinbekommen haben.

Ja, wir entscheiden in vielen Fällen auch, ob die Tiere sich überhaupt paaren dürfen und mit wem. Wir trennen weibliche und männliche Tiere und setzen sie wieder zusammen, je nachdem, ob und wie sinnvoll uns das gerade erscheint. Manchmal nehmen wir sogar ein Männchen direkt vor einer Paarung aus dem Gehege, wenn ein ungestümes Männchen ein Weibchen bedrängt und diese sich versucht, dem Männchen zu entledigen. Überlegen Sie mal: Plötzlich kommt aus heiterem Himmel eine große Hand, hebt so einen Schildkrötenkerl hoch und setzt ihn irgendwo ganz woanders wieder ab. Welcher Halter hat auf diese Weise noch nicht einem Weibchen vor einem überaufdringlichen Kerl bewahrt?

Sind wir da nicht mit dem, was wir tun, ganz nah dran an den antiken Göttermythologien?

Immer liegen das Leben oder der Tod all unserer Tiere in unserer Hand. Denn egal ob Hitzschlag oder Parasitenbefall, ob Herpes-Infektion oder Hundebiss, ob ein Rasenmäherunfall oder das Entkommen des Tieres – wir sind letztlich für deren Gesundheit und Wohlergehen verantwortlich mit all dem, was wir tun. Unsere Sorgfalt oder Nachlässigkeit entscheidet, ob es den Tieren gut geht oder nicht – ob sie sich verletzen, infizieren, erkranken, im schlimmsten Fall sterben. Wir entscheiden, ob wir das Tier seinem Schicksal überlassen oder ihm helfen, ob wir mit der Schildkröte zum Tierarzt gehen oder nicht. Und auch beim Tierarzt liegt es in unserer Hand, ob wir gegebenenfalls ein Tier von seinem Leiden erlösen und einschläfern lassen wollen oder nicht. Diese Entscheidung nimmt uns niemand ab – und auch nicht die Verantwortung.

Aber wir entscheiden genauso, ob wir unsere Tiere mit unserer Liebe erdrücken, sie verhätscheln und sie übervorsichtig in „Watte packen". Wir baden die Tiere, desinfizieren ihre Welt – egal ob notwendig oder nicht – wenn wir denken, dass wir das tun müssen.

Wenn ein Tier zum Spielzeug für Kinder wird, oder zum Familienersatz für alleinstehende Erwachsene, wenn es bei uns im Wohnzimmer lebt, damit es immer in unserer Nähe ist, dann ist das so, weil wir das so gewollt haben. Und genauso treffen wir die Entscheidung, ob blinde oder verwachsene Schlüpflinge, die in der Natur kaum eine Überlebenschance hätten, bei uns weiterleben dürfen oder nicht.

Damit ist aber noch lange nicht alles gesagt. Denn wir entscheiden auch, ob überhaupt und wenn ja, in welchen Gruppen unsere Tiere leben. Wir entziehen ihnen ihre Sexualpartner oder führen sie ihnen zu, je nachdem, was wir für richtig halten.

So lange sie klein sind, schützen wir sie vor Fressfeinden, vor Krähen, Ratten und Mardern. Wir vertreiben Hunde und Katzen aus den Gehegen, wenn wir uns Sorgen machen. Wir bekämpfen ihre Parasiten und sammeln ihren Kot ab.

Ohne, dass sie es uns danken können oder wollen – ohne, dass sie uns verehren, anbeten, Opfer darbringen oder sich überhaupt bewusst sind, was wir alles tun und nicht tun: Für unsere Schildkröten sind wir so etwas wie ein Gott – der Schöpfer und Gestalter ihrer Welt, ihres Geheges in unserem Garten oder ihres Terrariums. Wir sind Bestimmer und Lenker von allem, was ihr Leben betrifft. Nur: Sie wissen das nicht.

Wir haben Verantwortung. Und das sollte uns immer bewusst sein.

DANKE

Mein Dank gilt

- meiner Familie, die mich einen Spinner sein lässt – nicht nur in Sachen Schildkröten, aber hier ganz besonders;
- meinen Eltern, die es zugelassen haben, dass ich mit 11 Jahren ein erstes Terrarium in mein Zimmer stellen durfte;
- all meinen Tieren, die mich enorm inspirieren – nicht nur, über sie zu schreiben;
- dem Züchter V. aus Kehlheim für Dr. Jekyll und Mr. Hyde, Petra und Ulli für Rocky und Rambo, Alex für Sisi, Barbara und Peter für Herta und Berta, der anderen Petra und ihrer Tochter Mona für Luise;
- nochmal Alex, ohne dessen Hilfe es die Internetseite Testudowelt nie gegeben hätte, nie mein erstes Buch und folglich auch nicht dieses zweite;
- Iris für fünf dicht geschriebene Seiten mit enorm wertvollem Feedback zur Rohfassung dieses Buches;
- Mandy S., in deren Abteilung im Baumarkt ich mir immer besonders viel Zeit zum Plaudern und Fachsimpeln nehme, und auch mal fotografieren darf;
- Lena fürs Korrekturlesen und Thorsten für das Verlegen des Buches;
- all denen, die in diesem Buch Erwähnung gefunden haben, dass ich über sie schreiben durfte – zum Teil ungefragt;
- all denen, die mir immer sagen, ich solle Bücher schreiben und mich damit motivieren, das auch wirklich zu tun.

Ein besonderer Dank geht an die vielen Schildkrötenhalter, denen ich bisher begegnet bin. Ich danke für die vielen Freundschaften, für Gespräche, Anregungen, Wissensweitergabe, für das gemeinsame Lachen über Skurriles und Absurdes aus unserem Alltag und vor allem die Bestätigung, dass ich nicht der einzige Schildkrötenspinner bin.

Ihnen, liebe Leserinnen und Leser, danke ich, dass Sie das Buch schön brav bis zum Ende gelesen haben. Und jetzt klappen Sie es bitte zu und widmen sich wieder intensiv Ihrem Hobby. Vielleicht haben Sie ja Schildkröten. Da gibt es immer etwas zu tun …

Weitere erschienene Bücher im **kleintierverlag**